子ども介護者

ヤングケアラーの現実と社会の壁

濱島淑惠

角川新書

まえがき

気づかれていなかった介護の子

小学生の子どもが、家族を介護（ケア）するために学校に行けない。

これは遠いどこかの国の話ではない。現代日本においてこのようなことが起こっていることをどれくらいの人が知っているだろうか。

ヤングケアラー――定義の詳細は後述するとして、家族のケア（家事、介護、年下のきょうだいの世話、感情的サポートなど）を担う子ども・若者たちを「ヤングケアラー」と呼ぶ。「ヤング」を何歳で区切るかは国によっても異なるが、20代の若者になると若者ケアラー、ヤング・アダルト・ケアラーと呼ぶことがある。

最近になって、複数のマスコミ報道もあり、認知度は少しずつ上がってきたと思われる。しかし、彼らは長いこと表舞台に立つことはなく、社会から気づかれずにいた存在と言える。今なお知らない人も多いだろう。

２０２０年度、厚生労働省は文部科学省との連携のもと全国調査を実施し、２０２１年４

月にはヤングケアラーの存在割合について、中学生で5・7%、全日制高校生で4・1%、定時制高校生で8・5%、通信制高校生で11・0%という数字を示した。国会や地方議会での質問もあり、2021年3月、国はヤングケアラーに関するプロジェクトチームを立ち上げ、同年5月に報告書をまとめ、方策を示すにいたった。

今まさにヤングケアラーはようやく社会から認識され始め、その支援に向けた動きがスタート地点に立ったところと言える。

これまで大人が担う家族介護、家族のケアについては、老々介護、息子介護、育児・介護と仕事の両立など、時代とともにさまざまな言葉が生まれ、社会問題として取り上げられてきた。それでも解決にはいたらず、今もなお苦しい思いをしている人は大勢いることだろう。しかし、そのような思いを抱えているのは実は大人だけではない。10代、20代、ときには10歳未満でケアを担い、学校に行けなくなる、体を壊してしまう、友人関係がうまくいかなくなるという子ども、若者たちが相当数いるのである。

急にそのようなことを言われても、にわかには信じがたいかもしれない。私自身、初めて聞いたときはそうだった。しかしこれは紛れもない事実である。

以前勤めていた大学での出来事である。授業終了後に1人の学生が近づいてきた。名前や雰囲気から日系ブラジル人だと思われた。

その学生は私に申し訳なさそうに言った。

「小さい弟や妹がいて、その世話があるので、時々授業を休むことがあると思います。すみません」

私は、休んだ分のプリントは取りに来たら渡すこと、ただし、定期試験の点数は合格点をとる必要があることを伝えた。学生はお礼を言って帰っていった。

その後、その学生は毎回前の方の席に座り、熱心に授業を聞いていた。国家資格を取得するための必修科目であったが、資格取得への強い意志が伝わってきた。

しかし、学生の言葉通り、次第に学業との両立に苦しむ様子がみられるようになった。初めは授業最後に書いてもらう感想・意見の用紙に、「来週は弟妹を病院へ連れて行かなければならないので休みます」等のメッセージが書かれていた。

そのうちそれを書くこともなく、休むようになった。授業中、ぼーっとする姿もみられ、傍《はた》からみても疲れていることがわかった。そして、ついにその学生は授業に姿を見せなくなり、定期試験も受けなかった。

日系ブラジル人として来日して大学に進学し、国家資格を得て働くことは、本人とその家族にとって希望の光であったはずである。夢と希望を持った若者が、現実に押しつぶされていく姿をみながら何もできなかったことに今でも心が痛む。

あの学生はその後どうなったのだろうか。この社会のどこかで元気に生きているだろうか。最近、よくこの学生のことを思い出す。

当時の私はヤングケアラーという言葉を知らず、そのような視点ももっていなかった。筆者はもともと高齢の家族を介護している大人の家族介護者を対象に、質問紙調査やインタビュー調査を行い、彼らの抱える介護負担、生活問題の分析と支援制度のあり方について研究していた。

研究テーマは「介護負担」とは少し異なる。ケアを担うことによって、家族介護者の生活全般が崩壊していくことがある、ということを示したかった。そして、家族介護者の支援には、介護することを支援する「介護支援」だけではなく、彼らが健康を保ちながら生活できるようにする「生活保障」の視点が必要であることを訴えてきた。


そんな私が初めてヤングケアラーを知ったのは２０１０年のことである。イギリスのリーズ（Leeds）という街で、ケアラー支援を行う民間団体である「ケアラーズＵＫ」（Carers UK）が国際会議を開催した。

そのシンポジウムで聞いたことのない「ヤングケアラー」という言葉が飛び交い、議論されていた。勉強不足だった私の第一印象は、「子どもがケア？　そんなバカな」であった。瞬間的にはそう思ったものの、「日本にだけいないということがあるはずない。それなら日本にもいる、ということだろうか……？」と思い直し、何となく疑問を抱きながら帰国した。

そして、いつものように（大人の）家族介護者のインタビュー調査をしたところ、驚くことに、彼らの話の端々に、いわゆる主介護者を助けるヤングケアラーたちの姿が見え隠れするのである。

たとえば、義母の介護を長年してきた女性がぽろぽろ泣きながら語ってくださった中には、こんな話が出てきた。

「毎日、高校生の娘が私の話を聞いてくれた。お母さん大丈夫？　と、いつも支えてくれた。だから介護を続けてこられた……」

このお母さんを毎日支えた娘さんも、感情的なサポートをしているヤングケアラーではないのか。

その他にも、「介護で忙しいときは子どもたちには自分でごはんを食べてもらっていた」、「子どもたちには（介護を）させないようにした。ただ、自分が家にいられないときもあるから、ちょっと見ててね、と（見守りを）頼んでいたけど」等の話が出てくる。

今までは、大人の介護者の補助的な存在という程度の認識で、もしくは優しい子どもたちの「美談」として、ぼんやりと認識していたが、「ヤングケアラー」という視点を持ちながら話を聞いていくと、その姿がはっきりと見えてくるのである。大人の介護者が抱える負担、困難の先に、子ども、若者世代のケアラーたちが間違いなく存在していた。

日本にもヤングケアラーがいることを確信すると同時に、今までどれだけ多くのヤングケアラーが見落とされてきたことか、日本でも早く取り組まなければならない、と強い焦りを感じた。

この経験からヤングケアラーの調査研究に着手した。その過程で、日本ケアラー連盟の南《みなみ》魚沼《うおぬま》市、藤沢《ふじさわ》市での教員を対象としたヤングケアラーの調査に参加し、多くのことを学んだ。また、共同研究者、多くの元ヤングケアラーたち、教育関係者、福祉専門職の方々と出会い、支えられ、大阪府や埼玉県での調査を実施することができた。

現在は、尼崎《あまがさき》市、神戸市、大阪市において、ヤングケアラーに関する会議に参加し、またヤングケアラーたちが集う「ふうせんの会」の運営にかかわっている。「ふうせんの会」の活動は、初めは理解者も乏しく、ちょっと気を緩めると消えてしまいそうな活動だったが、奇跡的にさまざまな人とつながり、そのパワーは徐々に大きくなってきていることを感じている。

目に映っていながら見えていない

この本を手にとってくださった方々にはさまざまな人がいるだろう。なかには私と同じ教育関係で働いている方、福祉、医療関係の方、はたまた会社員や自営業の方もいると思う。もしかすると学生の皆さんで読んでくださっている方もいるかもしれない。

ぜひ、現在から過去までを振り返ってみてほしい。周りに家族のケアをしている（またはケアをしていた）子どもや友人、知人がいないだろうか。そして、彼らは遅刻や欠席が多い、部活動ができない、衛生面や栄養面が思わしくない、友人づきあいをあまりしていない、ということはない（なかった）だろうか。なかにはアルバイトをしてお金を家に入れていた者もいる（いた）のではないだろうか。

弟、妹の世話だけではない。精神的に不安定な母親を支えて、代わりに家のことをしている子ども。親がアルコールやギャンブルが好きで、家のことをほとんどしないため、料理や洗濯をし、自分やきょうだいの身の回りのことを全て担っている子ども。また、おじいちゃん、おばあちゃんの介護をしたり、障がいを有するきょうだいがいて、その世話を手伝い、毎日話し相手になっている子ども。そのような子ども、若者たちに出会ったことはないだろうか。

些細《ささい》な会話、様子のひとつひとつに思いを巡らせてみると、ヤングケアラーと思われる子どもが、身近にいる（いた）ことに気づく人は少なくないだろう。もしかすると、自分がそうだと気づく人もいるかもしれない。

残念ながらヤングケアラーという身近な存在について、ほとんどの人がその目に映っていながら見えておらず、多くの人が知っているのに気づいていない。

家族ケアが重視されるこの時代において、ヤングケアラーたちは一生懸命、しかしひっそりと、日々、家族と自分のためにケアを担っている。なかには、そのまま社会の深淵《しんえん》に飲み込まれ、メインストリームから排除されてしまう子どもたちもいる。

本書はそのような姿が見えにくい、隠れた存在であるヤングケアラーに焦点をあて、現段階でわかっている現状、彼らのケアとLife（生命・生活・人生）、価値と困難を描きだし、今後の社会がとるべき道と私たちが日常でできることを考えようとするものである。

前述した、授業に来なくなった学生と出会ったときの私は、まだこのヤングケアラーという言葉を知らなかった。家庭の事情があって大学に来られなくなってしまった、というただそれだけの認識であった。しかし、知っていれば、もっと異なるアプローチもできただろうと思う。

言葉を知り、新たな視点を持つことには、私たちの言動を、ひいては社会を変える力がある。

本書を読み進めていただくなかで、さまざまな方にヤングケアラーに関する理解を深めてほしい。まずは「お手伝いをするいい子」「学校を遅刻するダメな子」ではない、「ヤングケアラー」という視点を持っていただけると幸いである。

なお、本書は共同研究として実施した調査研究の一部が盛り込まれている。共同研究者の宮川雅充《みやかわまさみつ》氏（関西学院大学）および南多恵子氏（京都光華女子大学）に感謝申し上げる。また、これらは科学研究費補助金（課題番号：17K04256, 20H01606）を得て行っている調査研究の一部である。

目次

まえがき 3
気づかれていなかった介護の子／目に映っていながら見えていない

第一章 「ヤングケアラー」とは 21

1. ヤングケアラーという言葉が持つ多様さ 22
「ケア」は多面的だ／良い・悪いでは割り切れない

2. ヤングケアラーの定義 30
国により異なる定義／日本におけるヤングケアラー／調査は始まったばかり

第二章 見えてきた日本のヤングケアラー 41

1．大阪府立高校における高校生調査　42
調査の概要／ケアをしている高校生はやはりいた／社会構造を映し出すケアの対象／要ケア家族の状態／多岐にわたるケアの内容／ケアが1日8時間に及ぶ子どもも／小学生のときからケアをしている子どもも多い／一定規模で存在する高校におけるヤングケアラー／ヤングケアラーがいる家族の傾向／経済的な問題／学校生活にもさまざまな影響が／ケアをしていることを抱え込む子どもたち
2．高校教員による認識との比較　82
教員たちへの調査も実施／教員も把握しているヤングケアラー／奇跡の調査

第三章　私が出会ったヤングケアラーたち　95

1．高齢社会を反映する祖父母のケア　97

友也さんとの出会いは近所の人の電話から／母と祖母と。3人での暮らしのはじまり／ひとりきりであることの不安、重責／ケア一色、先のことなど考えられない／自分だけが生きていて申し訳ない／孤独だった。さみしかった／緩やかに進行する排除／祖母のケアをきょうだいとともに担った文乃さん／「息抜き」がわからない／学校では気絶するように寝てしまう／年上のきょうだい――もうひとりのヤングケアラー／介護が終わっても罪悪感を背負う／ヤングケアラーの多様な思いと「価値」

2．精神疾患の親のケア　128

母を介護した美晴さん／負担の大きいお弁当作り／愚痴を聞き続けたり、激しく叱責されたり／ほかの家庭との違いに気付くことの難しさ／学校での人格の激しい変化／勉強は嫌いではないがする時間がない

3．障がいを有するきょうだいのケア　141
発達障がいの兄と鏡子さん／「見守り・声かけ」も高度なケア／ヤングケアラーのしんどさ、親のしんどさ／社会に期待すること

第四章　ヤングケアラーの語りを通してわかること　151

1．ヤングケアラーの担う多様なケア　152
本人も周囲もケアだと気づきにくい／学校、健康、生活への影響／誰にも話していない／手伝いとはこれほどまでに違う／ケアを要する家族がいるなら
2．ヤングケアラーの価値と2つの理不尽さ　165
身に付けている素晴らしい価値／社会に押し付けられる2つの理不尽さ

第五章　ヤングケアラーが生まれる社会的背景　169
1．少子高齢化を俯瞰する　171
激増する「ケアを要する人」／障がいを有する人や精神疾患の人も増加
2．社会福祉における家族主義　177
ケアは家族がするもの？　できるもの？／在宅福祉も家族が前提／増加する高齢者や障がい者の虐待／ひとり親世帯の増加と生活困難／生活の困難さが世代間で連鎖する
終　章　ヤングケアラー支援にむけて　193
1．支援のためにできること　196
まずは実態を把握することから／地域で整えたい５つの支援——自分の人生を歩むために　①孤立の解消——ヤングケアラーが出会う場　②学習支

援　③家事や食事の支援　④レスパイト（小休止）サービス　⑤伴走者の必要性

2．学校での理解や配慮、そして支援　210

学校での先生、友人の理解は重要

3．福祉の専門職による支援　213

専門職だからこそ／ヤングケアラーは資源ではない／「気づく」「つなげる」という役割／支援ネットワークとヤングケアラー支援の拠点／行政の役割／ヤングケアラーが出会う社会の壁

あとがき　229

参考文献　235

〔**編集部注**〕本書で紹介するヤングケアラーはすべて仮名です。またヤングケアラーには元ヤングケアラーも含まれています。

図版作成　小林美和子／DTP　オノ・エーワン

第一章　「ヤングケアラー」とは

1. ヤングケアラーという言葉が持つ多様さ

「ケア」は多面的だ

最初に、ケアという言葉について説明しておきたい。タイトルでは「介護」としたが、文中で用いているように本来は「ケア」という言葉の方が適している。「ケア」は、「介護」という言葉が想起させる身体的な介護よりももっと広い意味を指す。

料理、洗濯、掃除といった毎日の家事、年下のきょうだいの世話、感情的なサポート、話し相手、買い物、重い物を持つ、通院・外出の介助や福祉・医療の専門職とのやりとり、日本語通訳や手話通訳なども入る。全般的な世話をイメージしてほしい。

介護・育児の経験がある人ならおわかりだと思うが、高齢の家族や障がいを有する家族の「介護」と言っても、それは身体的な介護だけでは終わらない。声をかけながら、随時、様子を見守り、身体的な介護もするし、その家族のために料理、洗濯、掃除もする。

福祉や医療のサービスを利用すれば、病院や施設とのやりとりが必要になる。時には話し相手になり、感情的に支えることもある。これらはすべて一連のものであり、切っても切り離せない。本来、介護とはこうした「全人的なケア」を意味するものである。

このようなケアを担う子どもたち、「ヤングケアラー」の状況は実にさまざまである。認知症の祖父母を親とともに介護する者もいれば、精神疾患の母親の代わりに家事や年下のきょうだいの世話をする者もいる。またアルコール依存の父親を感情的にサポートしたり、障がいを有するきょうだいのケアをする者もいる。

まずはそのようなヤングケアラーたちの姿を少しご紹介しよう。

由実さんは小学生のときから認知症の祖母のケアをしていた。忙しい母親を助ける「手伝い感覚」でケアを始めた。父親もいたが、さまざまな事情で父親にケア役割を期待することは難しかった。そんな中で、とにかく母親を助けたい一心だったという。

小学校低学年のときは見守り、話し相手、通院の付き添い等をしていたが、学校に行けない日も増えた。そのため勉強にはついていけなくなり、また友人の誘いはいつも断らなければならず、関係がうまくいかなくなったという。

高学年になると学校には行けず、家事、深夜の見守り・声かけ、入浴介助等、ケア役割がさらに増えていった。5年生の終わりに祖母は亡くなった。

由実さんは再び小学校に行き始め、保健室登校の日もあったが、幸いなことに本人曰《いわ》く「入ったクラスが、とても雰囲気の良い」クラスだった。理解ある先生やクラスメイトに支えられ、徐々に学校に行けるようになり、勉強も遅れた分を何とか取り戻していった。

現在は社会人として働いている。大学にも進学した。ケア経験によって、生活スキル、他者を思いやる気持ち、人のためになりたいという心が養われたと振り返る。しかし、今もなおコミュニケーションに対する苦手意識を抱えている。これまで勉強する、友達と遊ぶなど自分のことは後回しにして、家族のケアを優先させて、いわば家族のために生きてきた。そのため、家族のケアから離れて、自分の好きなこと、やりたいことをするという「自分の人生を生きる」ことへの抵抗感が何となく消えないという。小学生の頃の一時期の経験によって、その後の人生にも影響が残り続けることがわかる。

それでも、このヤングケアラーは、幸いなことに小学校の最後の学年で、クラスの理解とサポートがあった。もしもそれがなかったらどうなっていただろうか。そして、そのような理解、サポートがない場合が、実は少なくない。

たとえばこのようなヤングケアラーもいる。

隼人《はやと》さんは大学生の頃に祖父のケアを始めた。ひとり親家庭で、母親も体が強い方ではなく、ケアをひとりで担うことは難しかった。また祖父は認知症の症状のために騒ぐこともあり、それをなだめ、おさめるのは家庭内で唯一の男性である隼人さんでなければできないケアであった。

ケアのために就職を先延ばしにしたという面もあったが、専攻していたテーマについてもっと研究をしたいという思いがあり、隼人さんは大学院に進学した。

しかし、大学院生活は苦難の日々であった。祖父のケアに時間がとられ、夜間のケアもあったため十分な睡眠がとれず、自身の体調も崩していった。当然ながら大学院で出される課題、研究には取り組めなかった。しかも、周囲の理解はなく、指導教員からの評価は下がり、研究プロジェクトからも外された。他の院生との関係も悪化していった。

結局、進路変更を余儀なくされ、大学の就職支援の部署に相談に行った。しかし、大学院での業績はなく、「(ケアしかしていない) こんな経歴では、とても無理だ」と、見放すような言葉しかかけられなかった。

隼人さんとの付き合いは気付くと10年以上になるが、とても真面目で、誠実な人柄である。現在は社会人として働き、さまざまな場面で活躍している。しかし、学生時代はただ家族の生命、生活を守るため、目の前のことに対応してきた。健康を崩しながらも精一杯研究に取り組もうとし、研究の道を諦《あきら》めた後も就職活動を試み、自分の人生も何とか前に進めようと最大限努力した。一度たりとも怠けたことはない。人一倍努力してきたと私は自信を持って言える。

しかし、それを理解する者も支える者もなく、四面楚歌《しめんそか》の状態に追い込まれた。そのときの孤独感はいかほどであっただろう。

もうひとり紹介したい。精神疾患の母親のケアをしてきたユウさんは、小学生の頃から高校を卒業するまで、「死にたい」と言い続ける母親を感情的に支え、家事をしてきた。

学校が終わるとすぐに帰宅し、何度も必死で母親をなだめ続けた。

「お母さん、〇〇だから死ななくていいんだよ」

「お母さん、〇〇だから死なないで」

高校生のときには、学校帰りに高齢のためサポートが必要になっていた祖父母の家に寄って、見守りや身の回りの世話をした。とにかく母親の不安を和らげることを考えて毎日を過ごしていたという。

このような毎日のなかで、大人の顔色を常に見ながら行動する癖がついた。そのため学校では先生に気に入られるように行動した。しかし、同学年の子どもたちとはうまくいかない。いじめの対象になったこともあった。

当然、家で勉強する時間はなく、友人と過ごすこともできなかった。今振り返ると自分自身も情緒不安定で、異性関係が不安定だったこともあると話す。

ただし、ユウさんの強み、ラッキーなことのひとつは、家では勉強を十分にできなかったものの成績は良かった点である。おかげで希望の大学にも進学でき、現在は社会人として働いている。

以上、3名の方を紹介したが、ケアの詳細は異なっていても、学校生活への影響、友人関係の希薄化・悪化、孤立・孤独、健康への影響等、共通点は多い。していることがお手伝い程度にみえても、年齢が20代になっていたとしても、決して軽視できることではないことがわかるだろう。

隼人さんはこう語ったことがある。

「自分はラッキーな生き残りだと思う」

たしかに、隼人さんをはじめ、ここで紹介したヤングケアラーたちは、皆大学に進学し、働き、いわば社会のメインストリームに戻ってくることができている。それは「ラッキー」な要素が、それぞれに何かしらあったからだと言える。

ヤングケアラーの人生が、運に左右されない社会を考える必要がある。隼人さんは今も社会におけるヤングケアラーへの理解と支援の必要性を訴え続けている。

良い・悪いでは割り切れない

さて、今、読者の皆さんはどのように感じているだろうか。そんな子ども、若者たちがいるなんてどうにかしなければ！　と思う人もいれば、子どもが家族をケアすることは当然のことではないか？　お手伝いと何が違うのか？　と思う人もいるだろう。

それを社会問題だと騒ぐこと自体、家族愛や家庭での手伝いを否定するような気がして、違和感や嫌悪感を覚える人もいるのではないだろうか。

ここで私がしっかり伝えておきたいことは、家族をケアすることやヤングケアラーという存在が決して悪いわけではない、ということである。また、ヤングケアラーをこの社会からなくさなければならない、という話でもない。

たとえば、イギリスの調査ではヤングケアラーのポジティブな側面も示されている。役立っているという誇りを持てる、ケアをしている家族との絆《きずな》を感じられる、実践的な生活スキル（掃除、調理、金銭管理など）が向上するなどがある。

日本でも子どもが家族の手伝いをする姿は昔からみられる。それは子どもにとって有意義なことでもあり、そこから家族の絆や他者への思いやりが生まれることもあるだろうし、生活の知恵を学ぶこともできるに違いない。また、進学や就職において、その経験を活かした道を選ぶなど、自分の人生を見いだす子ども、若者たちもいるかもしれない。

しかしながら、ケア役割が過度になり、健康、生活、人生にマイナスの影響、不利を与える場合もある。先述したイギリスの調査研究でも、ネガティブな影響が生じる場合があることが指摘されており、イギリスではヤングケアラーへの支援の必要性が認識されている。

先に紹介した由実さんも、ケア経験で得られたことがあると語っていた。しかし、だからと言って、それを「美談」にしないでほしいということは、複数の元ヤングケアラーから聞かれる意見である。

家族をケアすることは、「良い・悪い」、「苦しい・楽しい」で割り切れるものではない。ヤングケアラーは多様な側面を併せ持っており、彼らの存在や家族のケアそのものを否定する必要はない。

ただし、なかには過度な負担で健康を害する子どもがいること、家族愛にもとづくありふれた手伝いに見えても、それが子どもたちから学校に通い、学び、友人をつくる機会を奪ってしまっている場合があること、これらは子どもの人権にかかわる事柄であることを明確に認識する必要がある。

ケア経験やヤングケアラーの価値を認めながらも、彼らの抱える、または抱えうる負担、困難を理解し、支援することが重要である。

なお、「子どもにケアをさせるなんて、親が悪い」という意見もたまにみられるが、そういう単純な問題ではない。親を責めるだけでは解決しない難しさがあることも付け加えておきたい。

子どもが学校に来ない、言動や態度が思わしくない、家で食事を出してもらっていない、家が散らかっている。私たちの社会は、そういう状況をみると、すぐに親を責める傾向がある。しかし、ヤングケアラーたちは親を批判されることには強い抵抗を示すことが多い。親自身も病気や障がいで苦しんでいること、または仕事と介護の両立で精一杯なことを知っているからである。

子どものしんどさの後ろには親のしんどさがある。ヤングケアラーを支えようとするならば、まずは親が抱える問題を解決するためのアプローチが必要となる。

2. ヤングケアラーの定義

国により異なる定義

次に、ヤングケアラーという言葉の定義について整理しておきたい。この言葉は日本においても徐々に認知度が上がってきているものの、知らない人も多く、法律上で定められた正式な定義もまだない。そこで海外で示されている定義をまずは紹介したい。

ヤングケアラーに関する取り組みが進んでいる国のひとつに、「まえがき」でも紹介したように、イギリスがある。イギリスでの定義をみてみよう。

「子どもと家族に関する法律２０１４」（Children and Families Act 2014）において、ヤングケアラーの把握とニーズアセスメントの義務を地方自治体に課しており、そこではヤングケアラーのことを「他の人にケアを提供している、または提供しようとしている18歳未満の者（ボランティアまたは契約に基づく者を除く）」としている。

また、イギリスでは国勢調査（Census）でヤングケアラーの人数が把握されているが、そこではヤングケアラーを次のように定める。

「慢性的な身体的、精神的疾患、障がい、または高齢に関連する問題のために、家族、友人、近隣の人やその他の人に無報酬のケアを提供している18歳未満の子どもまたは若者たち」

さらにケアラー支援を行うチャリティ団体であるケアラーズトラスト（Carers Trust）の定義はこちらだ。

「ヤングケアラーとは、病気である、障がいを有する、精神的な疾患を有する、薬物またはアルコールを乱用している家族、または友人の世話をしている18歳未満の者」

一方、イギリスと同じくヤングケアラーの支援、研究が進められているオーストラリアでは、ケアラー支援団体であるケアラーズオーストラリア（Carers Australia）が次のように定義を示している。

「ヤングケアラーとは、障がいや、精神的な疾患、慢性的な疾患を有している、薬物依存である、または虚弱な年齢の、家族や友人に無報酬のケアやサポートを提供している25歳以下の者」

これらを概観すると、イギリスの「子どもと家族に関する法律２０１４」が、このなかでは最も広い範囲でヤングケアラーをとらえていると言える。また、複数の民間団体が示している定義に概《おおむ》ね共通する点としては、次の３つが挙げられる。

①無報酬のケアを提供していること
②ケアの相手は家族に限らず友人も含まれること
③ケアを提供している理由として、ケアの相手が疾患、障がい、依存症などを有していること

年齢については、イギリスでは法律でも民間団体でも「18歳未満」としている。オーストラリアでは「25歳以下」とされており、日本でいうところの「若者」まで含まれるイメージである。なお、イギリスのCarers Trustでは16歳から25歳の者をヤング・アダルト・ケアラ

ーとしている。

日本におけるヤングケアラー

近年、日本においてもいくつかの民間団体が定義を示している。日本においてケアラー支援に長年取り組んできた「日本ケアラー連盟」の定義をみてみたい。

同団体が発行しているパンフレットをみると、ヤングケアラーをイラストとともに、次のように紹介している。

「家族にケアを要する人がいる場合に、大人が担うようなケア責任を引き受け、家事や家族の世話、介護、感情面のサポートなどを行っている、18歳未満の子ども」

ケアの程度についても触れており、「大人が担うようなケア責任」のケアとしている。年齢については主としてイギリスの定義にならっていると言えよう。なお、18歳から概ね30歳代までの者は「若者ケアラー」としている。

加えて、２０１７年からヤングケアラーの事例検討会を続けている京都市ユースサービス協会の定義も紹介したい。この協会は主として若者支援を行ってきた民間団体であり、その事業のひとつとして「子ども・若者ケアラーをテーマにした事例検討会」を行っている。ケアラーを年齢で区分しない方針をとり、「子ども・若者ケアラー」という用語を用いている。

同協会の事例検討会の広報用ちらしでは、子ども・若者ケアラーのことを「家族にケアを要する人がいる場合に、大人が担うようなケア責任を引き受け、家事や家族の世話、介護、などを行っている子ども・若者世代」とし、ケアの相手について「主に障がいや病気のある親や高齢の祖父母、きょうだいや他の親族」としている。さらにケアの具体的な内容として8項目を挙げている。

また、近年、ヤングケアラー支援に取り組み始めている尼崎市、神戸市ともに、20代までを支援対象としている。なお、神戸市はこども・若者ケアラーという言葉を用いている。

以上、国内外におけるヤングケアラーの定義をみてきた。今後、日本において共通する定義をどのように設定するか議論が必要であろう。年齢の区分、ケアの程度、疾患や障がい等はないが幼いきょうだいがいる、または年下のきょうだいが複数人いるという理由でケアをしている場合はヤングケアラーに入るのか否か等、整理すべき点は多い。

それを踏まえながら、とりあえず本書におけるヤングケアラーとは、「何らかの疾患、障がいを有する、高齢である、または幼い家族・親族がいて、そのためにケア（家事、介護、感情的サポート、通訳等）を担っている子ども・若者」というイメージでとらえて、読んでもらえたらと思う。

調査は始まったばかり

日本において、ヤングケアラーがいるとすると、それはどのくらいの規模になるのか。彼ら／彼女らは、誰の、どのようなケアを、どのくらいしているのか。

「まえがき」でも述べたが、近年になり、国や地方自治体によるヤングケアラーに関する調査が実施され始めた。しかし、日本においてこのような動きは早くからあったわけでは決してない。本格的には２０１０年代半ばになり、ようやく着手されるようになったと言えるだろう。

実態把握の柱としては３つある。

ひとつは既存の国の調査である。これはヤングケアラーの実態把握を目的としているものではないが、そこからもその存在は確認できる。たとえば総務省の「平成29年就業構造基本調査」によると、公表されているデータでは、29歳以下で介護を担っている者が約21万人いることがわかる。さらに、同データから集計すると、15歳以上19歳以下の介護者が３万７１００人いることを、２０２０年３月21日に毎日新聞が報道している。

ただし、この調査は15歳以上を対象としているため、15歳未満の子どもの状況まではわからない。また、「調査票の記入のしかた」をみると、高齢者の身体的な介護をイメージしやすく、精神疾患の母親のケア（感情的サポート、家事等）をしている者まではとらえることが難しい構成になっている。ヤングケアラーの全体像をとらえるには至っていないのが現実と言えよう。

2つ目の柱が教員を対象とした調査である。実は、ヤングケアラーに焦点を絞った実態把握として最初に登場したのは、教員調査だ。教員が気づいたヤングケアラーとその実態について示されており、特に学校生活等への影響が明確に示されていることが特徴と言えるだろう。

その代表的なものに、一般社団法人日本ケアラー連盟ヤングケアラープロジェクトが実施した2つの教員調査がある。2015年に新潟県南魚沼市、2016年には神奈川県藤沢市で、市内の全公立小中学校・特別支援学校の教員を対象として質問紙調査を実施している。また、北山沙和子（当時、加古川《かこがわ》市教育委員会）、石倉健二（兵庫教育大学）は、2中核市の全市立中学校の教員を対象として、ヤングケアラーの実態調査を実施している。

これらの調査によって、小中学校の教員もヤングケアラーと思われる子どもたちを認識していること、母親やきょうだいのケアをしているケースが多く認識されていること等が示された。教員の認識に基づくものという制限はあるものの、ヤングケアラーが日本にも存在することが統計的にも示された意義は大きい。

3つ目の柱に、子ども自身に対する調査がある。教員では家庭の内部事情に立ち入る難しさがあり、ケアの詳細等は本人に尋ねてみなければわからない。そこで、子どもを対象とした調査の必要性があった。

そこで私は、共同研究者とともに2016年に大阪府立高校10校の生徒（約5000名）を対象とした調査、2018年度に埼玉県立高校11校の生徒（約4000名）を対象とした調査を実施した。手前みそな言い方になるかもしれないが、これらの調査が子ども自身に対して尋ねた実態調査の先駆けと言える。

近年では、2020年には埼玉県が、全国で初めて行政として県下の高校2年生を対象とした調査を実施し、厚生労働省も2020年12月から2021年1月に全国の高校2年生と中学2年生を対象とした調査を実施し、行政による調査がようやく始まった。2021年5月には大阪市が市内全中学生約5万人を対象とした調査の実施を表明しており、地方自治体による調査は今後も加速していくと考えられる。

しかし、子どもを対象とした実態調査は緒に就いたばかりであり、課題も多い。たとえば、埼玉県の調査は日本ケアラー連盟のイラストを提示し、それに該当するかを尋ねており、イメージが限定されてしまう面が否定できない。また過去にケアをしていた者も含めて集計されており、現在と過去のケースの区別がつかない。

一方、全国規模でヤングケアラーの実態を把握しようとした厚生労働省の調査は、国が全国規模で実施したという点で極めて評価できるものであるが、残念ながら回答率が低く、10%未満（調査対象は約17万人、回答者は約1万3000人）にとどまっている。回答率が低い理由はさまざまなことが考えられる。全国という大規模な調査となると、確実に回収することが難しくなるという面がある。また、子ども自身に尋ねる他の調査とは異なり、教室で回答するのではなく、子どもたちが家に持ち帰って、web上で回答する形をとった。これも限られた期間に、全国規模で実施できる調査方法を考えた結果であるが、学校から離れると調査のことを忘れてしまう子どもや、家で回答できる状態にない子どもも相当数いるだろう。このことが回答率に影響している可能性がある。

行政が実態調査を実施したということは、ヤングケアラーという存在が社会的に認められ始めてきた証《あかし》であり、その口火を切った国や埼玉県の取り組みは高く評価されるべきことである。しかし、いま述べたように調査自体には、課題が多く残されており、これらの結果をもって実態が把握できたとは言い難い。

無論、私たちが実施した調査も、無作為抽出に基づくものではなく、一研究者チームが行った調査であるため、行政による調査に比べると規模が小さく、詳細な分析をするにはデータ数が足りない等の限界、課題がある。

今後、さらに改善する必要があるものの、高校側の協力により回収率は高く、ヤングケアラーの姿をとらえることにはある程度成功したと考えている。参考になる調査が日本にないなかで、高校の先生方から助言をいただき、議論を重ね、尋ね方を工夫し、丁寧な集計を試みた結果だ。

そこで次章では、筆者が最初に実施した２０１６年の大阪府立高校での調査を取り上げて、ヤングケアラーの全体像をみてみたい。

第二章　見えてきた日本のヤングケアラー

1. 大阪府立高校における高校生調査

調査の概要

調査期間は2016年1~12月で、協力について同意が得られた大阪府立高校10校に対して質問紙による調査を実施した。回収された5671票のうち、ケアに関する質問に回答をしているのは5246票であった。

今回はそれらを分析対象として、結果を紹介したい。なお、この中には18歳以上の者も含まれるが、同じ高校生としてそれらの者も除外することはせずに分析をしている。分析対象者の基本属性は表2-1の通りである。

ケアをしている高校生はやはりいた

ケアを要する家族(以下、要ケア家族)がいるか否かを尋ねたところ「いる」と回答した高校生は664名と約1割(12・7%)であった(図2-1)。

まずケアを要する家族がいる、というシチュエーションが少数派であると言えよう。

そのうち自分自身がケアをしているか否かを尋ねたところ、約半数(325名)が「して

高校	性別			学年			計
	男性	女性	不明	1年	2年	3年	
A	400 47.6%	433 51.5%	7 0.8%	279 33.2%	289 34.4%	272 32.4%	840
B	84 44.9%	101 54.0%	2 1.1%	85 45.5%	102 54.5%	0 0.0%	187
C	27 60.0%	18 40.0%	0 0.0%	18 40.0%	27 60.0%	0 0.0%	45
D	428 42.0%	585 57.5%	5 0.5%	343 33.7%	334 32.8%	341 33.5%	1,018
E	107 36.8%	181 62.2%	3 1.0%	0 0.0%	162 55.7%	129 44.3%	291
F	182 41.1%	259 58.5%	2 0.5%	167 37.7%	147 33.2%	129 29.1%	443
G	220 41.3%	311 58.3%	2 0.4%	191 35.8%	179 33.6%	163 30.6%	533
H	299 37.4%	498 62.3%	2 0.3%	292 36.5%	290 36.3%	217 27.2%	799
I	436 42.0%	597 57.6%	4 0.4%	385 37.1%	334 32.2%	318 30.7%	1,037
J	16 30.2%	37 69.8%	0 0.0%	0 0.0%	29 54.7%	24 45.3%	53
合計	2,199 41.9%	3,020 57.6%	27 0.5%	1,760 33.5%	1,893 36.1%	1,593 30.4%	5,246

表2-1　分析対象者の基本属性（出典　濱島淑惠・宮川雅充、2018、高校におけるヤングケアラーの割合とケアの状況、厚生の指標、65（2)、厚生労働統計協会、p22-29）

いる」と回答していた（図2－2）。

ケアの内容、程度には差があると思われるが、それでも何らかのケアを要する家族がいた場合に、子どもたちがそのケアに携わることは、決して珍しくないことがわかる。

なお、この中には、障がいや疾病等を有している、というわけではなく、単に幼いきょうだいがいるという理由のみでケアをしている高校生（53名）も含まれている。第一章でも説明したが、ヤングケアラーの定義はあいまいな部分もあり、幼いきょうだいがいるという理由のみでケアをしている場合、ヤングケアラーに入るか否かは議論のあるところである。

私が共同研究者とともに、調査票の入力作業をしていると、確かに、「赤ちゃんが生まれて赤ちゃんのお世話をちょっとしている」というほのぼのとした雰囲気のケースも少なくなく、これをヤングケアラーとみなすべきか迷った。

一方で、ひとり親の家庭で、年下のきょうだいが複数人いて、母親が働いており、一番上の高校生のお姉ちゃんが家事や年下のきょうだいの世話等すべてをしているケースもあった。この高校生の負担を思うと、ヤングケアラーと言えるのではないかと思われた。

しかし、現段階では、判断基準がないことから線引きが難しく、今回は悩みに悩んだが、念のため幼いきょうだいがいるという理由のみでケアをしている者は除いて集計した。その結果、ヤングケアラーは272名となった。

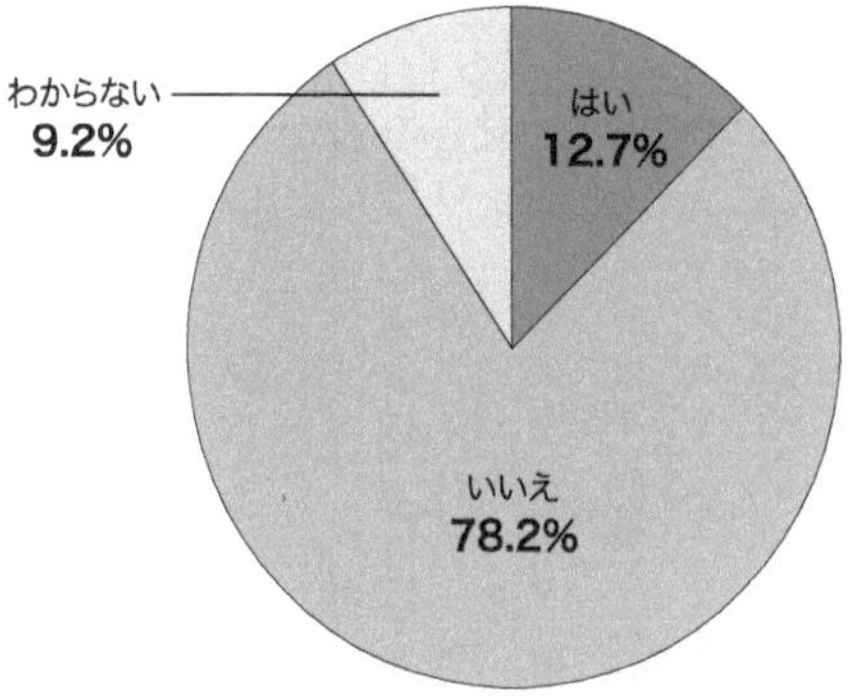

図2-1　ケアを要する家族がいるか否か（出典　宮川雅充・濱島淑惠、2017、高校生の家庭生活と学校生活に関する調査報告書―高校生ヤングケアラーの実態調査―）

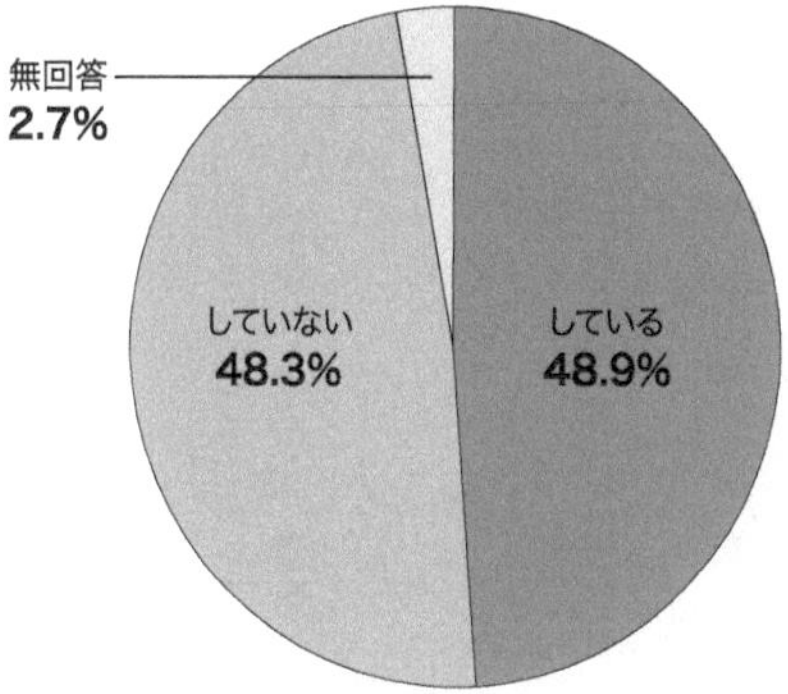

図2-2　自分自身は要ケア家族のためにケアをしているか（要ケア家族がいると回答した者のうち）（出典　図2-1と同）

社会構造を映し出すケアの対象

自分自身がケアをしていると回答した272名について、要ケア家族は誰か、選択肢から選択してもらった(複数回答可)。その結果は表2－2のようになった。最も多かった要ケア家族は祖母で、半数近くを占めた。

次いで祖父、母となっているが人数の差はそれほどなかった。2018年度に筆者らが実施した埼玉での調査でも祖母が最も多くなっており、次いで母、祖父と順位は逆転したが、やはり両者の人数は同程度であった。その他、弟・妹、兄・姉といったきょうだい、父のケアを担っている者もいる。

まずは要ケア家族に祖母、祖父が多かったという結果に着目したい。高齢社会を映し出していると考えれば不思議なことではないと言えよう。ただし、これまで過去に実施されてきた教員に対するヤングケアラーの調査では、祖父母のケアをしているケースはあまりあげられておらず、母親やきょうだいのケアが多くみられた。後に述べる筆者らが実施した教員に対する調査でも同様であった(84ページ参照)。

高校生調査と教員調査について、いずれが実態を正しく示しているかという議論は、先述したように実態調査そのものが難しく、把握方法も確立していない現状ではあまり意味がな

要ケア家族	祖父	祖母	父	母	兄・姉	弟・妹	その他
人数 (n=270)	61 (22.6%)	129 (47.8%)	27 (10.0%)	55 (20.4%)	16 (5.9%)	43 (15.9%)	17 (6.3%)

表2-2　ケアを要する家族は誰か（複数回答可）（出典　表2-1と同）

い。ただ、実際には高齢者のケアをしているヤングケアラーが、かなりの人数、存在しているということがわかった。

一方、従来の教員調査と同様、母、弟・妹が要ケア家族であると答えた高校生も多くみられた。やはり母親をケアする子どもは相当数存在することが高校生調査からもわかる。これは過去の教員調査、2020年の埼玉県調査でも同様であった。

埼玉県調査では、過去にケアをしていたケースも含めた集計ではあるが、最も多いケアの相手は母（524名）であり、次いで祖母（443名）、祖父（298名）となり、祖父母とともに、やはり母親のケアをしている者が多いと考えられよう。

これまでみてきたように、子どもがケアをする相手として、祖母や母親が複数の調査で上位にあがっている。父親のケアをしているケースも一定数あり、祖父も相当数いるが、祖母、母親をケアするケースの方が目立つとも言える。

これは、ジェンダーの問題と絡むが、家庭内において女性がケアの担い手であることが多く、その女性（母親、祖母）がケアを要する状態になった場合、子どもがケアを担いやすくなる可能性が考えられる。当然ながら、子どもだけではなく、家庭内の男性（父親、祖父等）とともに担っている場合もあるだろう。

一方で父親や祖父といった男性がケアを要する状態になった場合は、その配偶者（母親や祖母）がまずはケアを一身に担い、子どもにまでは影響がいかないことが多いという仮説も成り立つ。

ただし、現段階の調査ではそこまでは断言できない。今後、このようなジェンダーの問題と絡めて、議論、検討を重ねる必要があるだろう。

なお、きょうだいのケアは過去の教員調査では常に上位に入っていた。また、２０２０年度に実施された国の調査では、ケアの相手として「きょうだい」が最も多く挙げられていた。

その理由として、筆者らの高校生調査では「幼い」という理由のみで年下のきょうだいの世話をしている者はヤングケアラーから除外しているが、他の調査では、このようなケースもヤングケアラーとしてカウントしており、その集計方法の違いから差が出ていると考えられる。


高校生調査においても、上記の53名を追加した場合、「きょうだい」に該当する回答は１００名を超え、祖母に次ぐ多さになる。きょうだいをケアするヤングケアラーもかなりの人数が存在していると言えよう。

また、少し視点が変わるが、筆者らの高校生調査の結果では、母親がケアを要する状態である場合、66・7％の子どもたちが、ケアをしていると答えていた。これは7割に近い数字であり、母親が要ケア状態となった場合は子どもがヤングケアラーになりやすい傾向があると考えられる。

なお、父親が要ケア状態の場合は約48％、祖母が要ケア状態では約44％の高校生が、自分自身がケアをしていると答えていた。母親よりは低い数値ではあるものの、こちらもかなりの確率で子どもがヤングケアラーになっていると言える。

先ほど、ひとつの仮説として、男性がケアを要する状態になっても、配偶者がいるため、子どもにケア役割が回っていきにくい可能性について言及した。しかし、父親がケアを要する状態にあった場合も、かなりの確率で子どもがケアを担っていることがわかる。

確かに、父子家庭で、父が要ケア状態であれば子どもがケアを担うようになることは容易に想像できる。また、ふたり親家庭であっても、働きながら父親をケアする母親を助けるため、子どもがケアの一端を担うことは十分に考えられる。

子どもがケアを担うようになる理由を考えた場合、ジェンダーのみならず、さまざまな要因が絡みあっているため、この点については、今後さらなる研究が求められる。しかし、少なくとも教育、福祉、医療の現場で、母親、父親、祖母が要ケア状態になっている家庭、ケースがみられた場合、何らかの形で子どもたちがケアをしている可能性を考えた方が良い。

要ケア家族の状態

次に要ケア家族の状態をみてみたい（表2－3）。なお、要ケア家族が複数名いた場合、誰がどのような状態か特定することが困難なため、表に示されている数字は、要ケア家族が1名のみと回答している者の集計結果である。

「祖母」や「祖父」では、身体障がい・身体的機能の低下、病気、認知症が上位に挙げられている。これは予想通りではないかと思うが、高齢のため、要介護状態にある祖父母のケアを担っていることがわかる。なお、祖母では「認知症」を約4分の1が選択していた。

次に親である父、母をみると、両者の状態には若干の差がみられた。「父」の場合は病気、身体障がい・身体的機能の低下が上位に挙げられ、祖父母と似た傾向となっていた。一方、「母」では、病気、身体障がい・身体的機能の低下とともに、精神疾患・精神障がい・精神的不安定が上位に挙げられていた。

日本ケアラー連盟が実施した教員に対する調査でも、子どものケアの相手に精神疾患、精神障がい等を有する母親が多く挙げられており、その結果とも一致する。母親が精神面で何

	1位	2位	3位
祖父 (n=27)	病気12名(44.4%) 身体障がい・身体的機能の低下12名(44.4%) ※同率1位		認知症5名(18.5%)
祖母 (n=86)	身体障がい・身体的機能の低下37名(43.0%)	病気28名(32.6%)	認知症22名(25.6%)
父 (n=12)	病気11名(91.7%)	身体障がい・身体的機能の低下5名(41.7%)	—
母 (n=34)	病気13名(38.2%)	精神疾患・精神障がい・精神的不安定8名(23.5%)	身体障がい・身体的機能の低下6名(17.6%)
兄・姉 (n=8)	知的障がい 5名(62.5%)	身体障がい・身体的機能の低下4名(50.0%)	精神疾患・精神障がい・精神不安定1名(12.5%)
弟・妹 (n=22)	知的障がい14名(63.6%)	身体障がい・身体的機能の低下10名(45.5%)	まだ幼いため世話が必要5名(22.7%)

表2-3　要ケア家族と状態（上位3位）（複数回答可）（濱島・宮川（2018）より筆者作成）

らかの困難、不安定さを抱えている場合に、子どもがケアを担うというひとつのパターンが存在していると考えられよう。

最後に兄・姉、弟・妹をみると、知的障がい、身体障がい等、何らかの障がいを有しているきょうだいがいる場合に子どもたちがケアを担っていることが多いことがわかる。

ここで、少し具体的にイメージしてみてほしい。親が脳梗塞《のうこうそく》でケアを要する状態になり、子どもがまだ10代であるという話を今まで聞いたことはないだろうか。精神疾患や難病等を親が有し、小さい子どもがいる、中高生の子どもが頑張っているという家庭に出会ったことはないだろうか。私の周りでも、きょうだいが障がいを有している友人であれば、複数人の顔が浮かぶ。登下校を一緒にしていた中学のときの部活の仲間、こっそり手話を教えてくれた小学校のクラスメイトもいた。

このように考えると、ヤングケアラーが身近な存在であることを実感できるのではないだろうか。また、自分もそうだと気付く人もいるのではないだろうか。

ただ、この結果をみて、筆者らの研究チームは深く反省している。なぜなら「外国にルーツのある子どもたち」がキャッチできていないと思われるからである。このようなケースは本調査ではわずか11ケースにとどまった。しかし、私たちは外国から来た人々が多く暮らすエリアでも調査を実施しており、調査協力の依頼の際、校長、教頭からさまざまな話をうかがった感触では、この程度のケース数ではおさまらないことは明らかである。

また、行政による調査に課題があることもわかる。埼玉県調査、国の調査の結果をみても、ケアの相手やその状態が微妙に異なる。尋ね方、選択肢の設け方によって、見えてくる実態は揺れ動いている。

たとえば、埼玉県の調査では「母親」の状態は「病気」が約半数を占め、「精神障害」の占める割合は2割に届かない。私たちの調査でも母親は「病気」が最も多く約4割を占め、次に精神疾患・精神障がい・精神的不安定が多かったが、大阪府では23・5％、埼玉県では45・5％と県が実施した調査よりも高い割合になっている。

県の調査は過去にケアをしていたケースも含めた集計であることや、イラストを提示して尋ねたことによる影響があるかもしれない。

また、国の調査では65歳以上の父母をケアしているという回答が中学生、高校生（全日制）では1割を超えており、若干、解釈の難しさを感じる。また無回答が「父母」の場合のみ、3割にのぼっている、すなわち約3分の1が状態を回答しなかった点も、理由の解明が必要である。

第三章以降述べるが、ヤングケアラーたちの多くは、他の家庭と比べることもできず、手伝い感覚でケアを始め、それが当然という生活をしている。そのため自分が置かれている状況を客観的に把握することが難しく、ケアを担っているという自覚を持っていないことも珍しくない。その場合、自分は該当しないと回答し、上記の集計にも含まれないだろう。

また、親の病気について教えてもらえなかった、母親の様子がおかしいと思ったが精神疾患だとは思わなかった、という話もよく聞く。このような子どもたちに回答してもらうためにはどうしたらいいのか。実態把握の難しさを痛感する。

多岐にわたるケアの内容

さて、子どもたちはどのようなケアを担っているのだろうか。表2－4に結果を示した（回答者は265名）。最も多かったケアの内容は「家事」で、半数近くがしていると回答していた。次いで「力仕事」、「外出時の介助・付き添い」、「感情面のサポート」があげられており、その他には病院や施設へのお見舞い、身体的な介助、年下のきょうだいの世話、医療的な世話等もみられた。ヤングケアラーの担うケアは、日常的なものから高度なものまで幅広いことがわかる。

「家事」が最も多いという点は、埼玉県や国など、さまざまな調査と共通した結果である。また「感情面のサポート」も他の調査で上位にあがるケアである。埼玉県の調査では家事に次いで2番目に多い。これらはヤングケアラーが担うケアとしては定番と言えるのかもしれない。

また、ケアと言えば、直接的な身体介護を思い浮かべる人も多いかもしれない。実際、今回の調査でも「身体的な介助」をしていると回答している者が一定数いた。しかし、それ以上に「外出時の介助・付き添い」「力仕事」をするといった「特定の場面での介護・介助」が多くみられた。なお、外出の付き添いは国の調査でも上位にあがっている。

私はこのようなケアの特徴が、ヤングケアラーたちをみえにくくしている理由のひとつで

ケアの内容 (n=265)	家事	お金の支払い	書類の確認や対応	外出時の介助・付き添い	身体的な介助	通訳
	115名	10名	29名	92名	48名	15名
	医療的な世話	感情面のサポート	力仕事	病院や施設へのお見舞い	年下のきょうだいの世話	その他
	13名	74名	106名	64名	44名	6名

表2-4　ケアの内容（複数回答可）　※ケアの内容の選択肢は日本ケアラー連盟の南魚沼市調査の調査票で挙げられている選択肢を参考にし、さらに高校生でも理解できるよう修正を加えたものである（出典　表2-1と同）

あると考える。すなわち、「家事」といえば子どもがするお手伝いの定番であり、これを家族のケアであると認識する人は少ないであろう。また、「感情面のサポート」も、それがケアであるとは気づきにくい。

感情的サポートの例を少し挙げると、認知症で何度も同じ話を繰り返す家族、病気のために幻覚や幻聴がある家族の話し相手になる、「死にたい」という母親をなだめる、落ち込む家族を感情的に支える、などがある。さらに病気のため理不尽な怒り、暴言をぶつけられ、それを受け止める、いわゆる感情の受け皿になることも感情的サポートに入る。

このような行為は、おばあちゃんの相手をしている優しい孫、またはお母さんを一生懸命慰めているしっかりした子ども、また親のイライラをぶつけられているかわいそうな子どもという程度にしかみえないかもしれない。

さらに外出時だけの介助、力が必要な場面でのサポート、お見舞い、見守りといったケアも、部分的なケアであるため気づかれない、もしくは大したことではないと思われやすい。しかし、このような特定の場面のケアだけでも、子どもたちの生活は縛られる。

学校が終わったらすぐに帰宅して祖母の見守りをしなければならなかった、家族の通院や外出に合わせて生活を組み立てなければならなかった、と語る元ヤングケアラーもいた。またケアを両立させるため、単位制の高校に転校し、空き時間に祖母のもとを訪れおむつを届け、急いで学校に戻って次の授業を受ける、といった綱渡り状態の生活を送ったという話も聞いたことがある。

子どもたちには子どもたちの生活がある。そこに、部分的であっても、専門的でなくとも、ケアを入れ込むことは容易なことではない。特に子どもたちはまだ家事や世話を担う知識やスキルも身についていない。大人のように要領よくやる術《すべ》もなく、その負荷は大きくなる。

以上のように、家事や感情的サポート、部分的なケアや見守り等のケアであっても、子どもたちにとっては、緊張を伴い、長時間にわたるものであること、それが学校との両立を難しくすることを認識する必要がある。

さらにケアの「責任」についても触れておきたい。

いつも通っている美容院で、20代のアシスタントの女性とヤングケアラーの話をしていたときのことだ。その女性は私ににこやかに言った。

「子どもがケアをしているなんて信じられないです。自分もよく手伝いをしなさいと言われたけれど、うるさいなぁ、と言って逃げていました」

おそらく、普通の手伝いとはそのようなものだろう。のんびりしたいとき、友達と遊びたいときはあとで怒られることを覚悟でサボったり、宿題の多い日やテスト前、もしくは部活の試合が迫っているときには免除してもらったりすることができる。

しかし、ヤングケアラーたちの場合、そうはいかないことが多い。どのような状況であってもケアをしなければならない。そうしなければ、自分も家族も生活がなりたたなくなる。ケアを要する家族がいる場合のケアとは、している行為そのものが特別なものでなくても、その「責任の重さ」が普通の手伝いとは異なる。

ヤングケアラーたちが担うケアは、必ずしも高度に専門的な行為、特別な内容ではないことも多い。そのため普通のお手伝いの範囲と見過ごされてしまいがちである。しかし、家事、感情的サポート、特定の場面でのケアも見守りも、全てケアであり、しかも責任を伴うケアであることを私たちは認識する必要がある。

ケアが1日8時間に及ぶ子どもも

次に子どもたちが担うケアの頻度、時間をみていきたい（表2－5、図2－3）。これは教員に尋ねる調査では把握が難しかった点と言えよう。

ケアをどのくらいの頻度でしているか尋ねたところ、「毎日」と答えた者が最も多く約3割を占めた。「週に4、5日」と答えた者と合わせて、毎日のようにケアをしている者が半数近くになる。ケアが日常化している子どもたちが少なくないことがわかる。

なお、埼玉県調査、国の調査でも（ほぼ）毎日と回答した子どもが最も多く、3割から5割近くにのぼった。この結果をみると、一瞬驚く方もいるかもしれない。しかし、子どもたちが担っているケアとして家事や感情的サポートが多くみられ、これらは毎日のことになる。それを踏まえるとこのような結果が出たことにもうなずける。

次にケアをしている時間を「学校がある日」と「学校がない日」に分けてみてみたい（表2－6、図2－4）。全体的に学校がある日よりも学校のない日の方が長時間のケアをしている子どもが多くみられる。最も多かったのが「1時間未満」であり、学校がある日で約4割、学校がない日で3割近くを占めた。ケアが日常化する子どもが少なくないなかで、1日のケア時間はあまり長くない子どもが最も多かったことは、少しほっとする結果だ。なお、埼玉県の調査でも1時間未満が約3割から4割と最も多かった。国の調査では、公表されている結果の時間区分が異なるため、比較が難しいが、平日3時間未満が3割から4割程度になっている。

その一方で、無視できないほどの時間数のケアをしていると答えている者もいる。たとえば、2時間以上のケアをしている者は、学校がある日で約2割おり、学校がない日では4割近くにのぼる。その中には「8時間以上」していると答えた者が、学校がある日で約5％、学校がない日で約1割と、一定数いる。なお、埼玉県の調査では、8時間以上と回答した者は休日で約7％、国の調査では平日7時間以上が1割前後となっていた。

8時間以上のケアをしているとなると、ほとんど休む間も、勉強する時間もなく、自分のために時間を使えない状態だ。8時間以上とまではいかなくとも、学校がある日に2時間程度のケアを担っているだけでも、自分の生活はかなり制限されるであろう。

食器洗いや洗濯物をたたみ、しまう、といった大人にとっては日常的な家事でも、子どもがすると時間がかかってしまうのはよくあることだ。そのことを踏まえると、長時間のケアを担う子どもたちが一定数いることは、決して不思議ではない。見守りや感情的なサポートも長時間にわたる可能性がある。

なお、近年、行政の調査結果から、3時間、7時間という切れ目で軽度、中度、重度という分け方をしようとする動きも一部みられる。しかし、これは時期尚早であると私は考えて

ケアの頻度	人数(%)
毎日	91(33.5)
週に4、5日	32(11.8)
週に2、3日	38(14.0)
週に1日	19(7.0)
1か月に数日	50(18.4)
1年に数日	12(4.4)
その他	9(3.3)
不明(無回答など)	21(7.7)
合計	272(100.0)

表2-5　ケアの頻度（出典　表2-1と同）

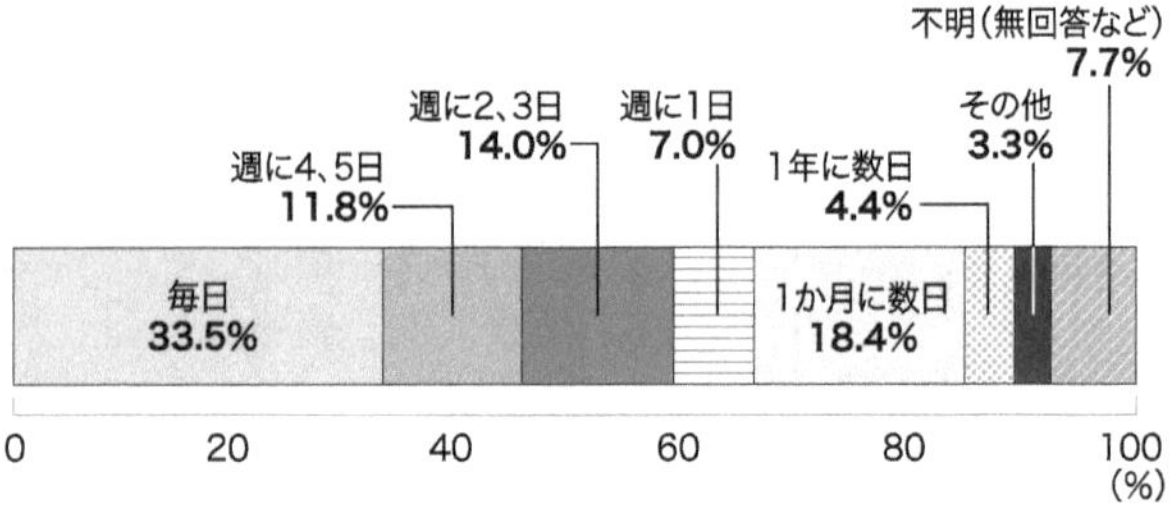

図2-3　ケアの頻度（出典　図2-1と同）

	学校がある日 人数(%)	学校がない日 人数(%)
8時間以上	14(5.1)	31(11.4)
6時間以上8時間未満	9(3.3)	17(6.3)
4時間以上6時間未満	16(5.9)	14(5.1)
2時間以上4時間未満	22(8.1)	43(15.8)
1時間以上2時間未満	41(15.1)	48(17.6)
1時間未満	111(40.8)	74(27.2)
その他	23(8.5)	18(6.6)
無回答	36(13.2)	27(9.9)
計	272(100.0)	272(100.0)

表2-6　ケアをしている時間数（出典　表2-1と同）

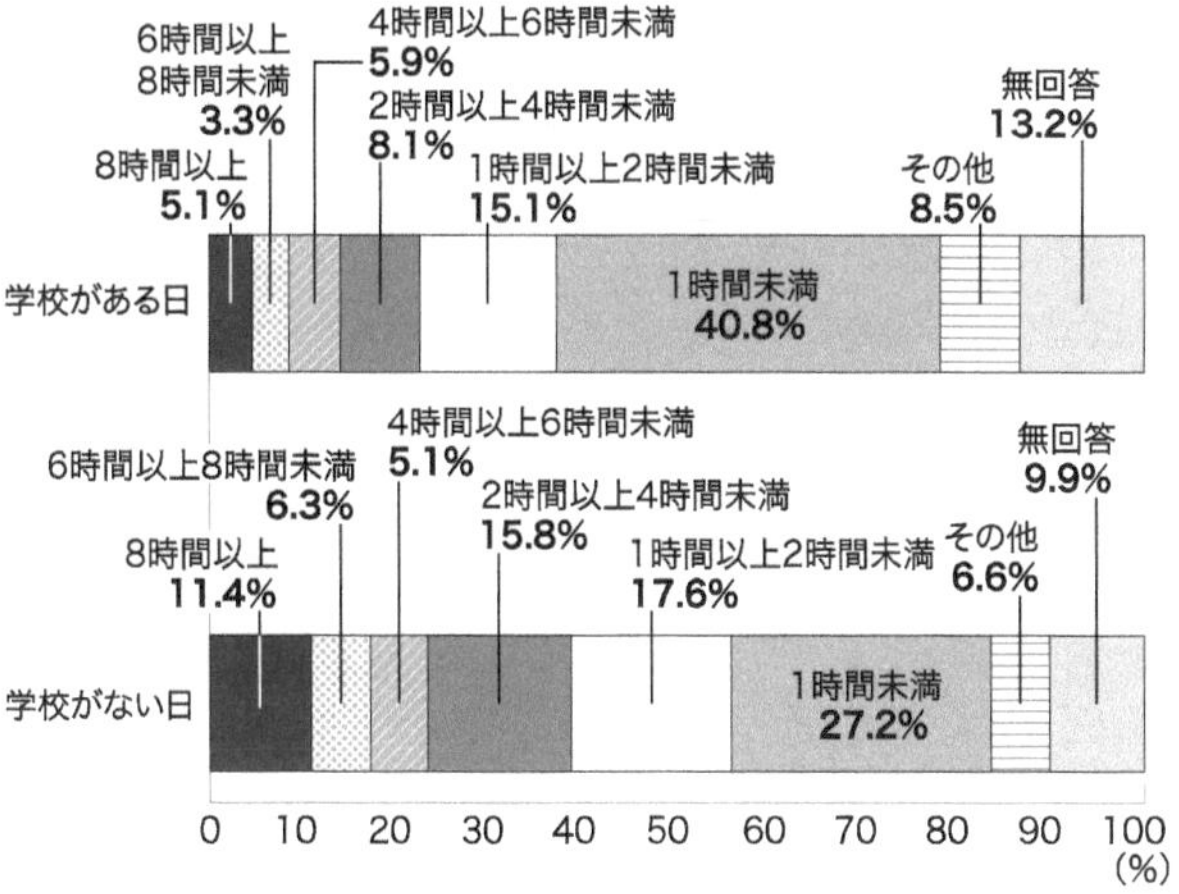

図2-4　ケアをしている時間数（出典　図2-1と同）

いる。

私たちは調査を実施するなかで、その子どもがどの程度厳密に時間数を回答しているかは未知数であると感じた。たとえば声かけをしているケースでは、ケアを要する家族の様子に注意を払うことは数時間にもわたるが、声かけそのものは一瞬であるため、1時間未満と回答する可能性が拭《ぬぐ》えない。

また、時間数が短くても、負担が大きいケアもある。入浴のケアが最もつらいケアだったと、今もフラッシュバックするという元ヤングケアラーもいる。理由はさまざまだ。家族とはいえ、他の人の体をすみずみまで洗うことに嫌悪感を抱いた、精神的に不安定なため、暴れ出さないよう注意を払う必要があり、神経を張り詰めながらしていた等、確かに子どもが担うにはきついことがよくわかる。入浴のケアは1時間未満に入るであろうが、負担が軽いわけでは決してない。

時間数だけでは、負担の大小、その子どもの抱えるしんどさを表すことはできない。ぜひ、第三章で紹介するヤングケアラーたちの事例を見てほしい。

2020年の3~5月は新型コロナウイルス感染症の流行のため、多くの学校が休校となり、自粛生活が長く続いた。私たちが行った調査では学校がない日の方が、長時間のケアをしているヤングケアラーが多くなっている。これを踏まえると、休校期間中、ヤングケアラ

25パーセンタイル	1年1カ月
50パーセンタイル(中央値)	3年0カ月
75パーセンタイル	6年5カ月

表2-7　ケアをしている期間（出典　図2-1と同）

ーたちのケア時間が増加した可能性が考えられる。外界との接点も制限される中、ケアだけの生活が長期間続いたかもしれず、ヤングケアラーたちの負担の大きさ、健康状態が心配だ。

小学生のときからケアをしている子どもも多い

ケアをしている期間についても尋ねた。回答していた198名の結果は表2－7の通りである。少しわかりにくいかもしれないが、期間が短い方から数えて4分の1に当たる者（25パーセンタイル）の期間が1年1カ月、半分に当たる者（50パーセンタイル）の期間は3年0カ月、4分の3に当たる者（75パーセンタイル）が6年5カ月であった。なお、最大値は17年11カ月（生まれてからずっとという主旨の回答）であった。

さらに分析を進めると、少なくとも中学生のときからすでにケアをしている者は約7割、少なくとも小学生のときからすでにケアをしている者は約4割いるという結果になった。今回の調査では、高校生からケアを行っている者はむしろ少数派であり、高校に入る前からケアをしている者の方が多かった。小中学生のヤングケアラーが存在することが、この調査結果からも示されたとともに、ケアが長期化している者が少なくないことがわかる。

一定規模で存在する高校におけるヤングケアラー

ここまでケアの内容を詳しく見てきたが、では果たして、ヤングケアラーはどのくらいの規模で存在するのだろうか。これは、私たちが調査を始めたとき、ぜひ明らかにしたいと思っていたことのひとつである。というのも、2010年代半ばまでは子ども自身に尋ねたヤングケアラーの調査は、インタビュー調査が主であった。そこには貴重な語りがあり、これらによってヤングケアラーをリアルな存在として世に示したことは間違いない。

とはいえ、インタビューだけでは、世界は広いのだからケアをしている子どもも少しはいるだろう、という理解にとどまり、社会で取り組むような課題ではないと認識されてしまうかもしれない。

だからこそ私は、彼らの存在を社会的に認識してもらうために、まずは子ども全体の中で、何%くらいがケアをしているか、ヤングケアラーの規模を示すことが必須条件と考えていた。

さて、そこで筆者らの調査では存在割合（調査に回答した高校生のうち何%がヤングケアラーか）を計算した。ただし、ヤングケアラーの正式な定義は日本にはまだなく、イギリス等の定義にしてもケアの程度など、あいまいな部分が多く、「普通の」手伝いとの線引きが難

	ケアをしていると回答した者	週4、5日以上のケアをしている者	学校がある日に2時間以上かつ学校がない日に4時間以上のケアをしている者
人数	272名	123名	50名
存在割合	5.2%	2.3%	1.0%

表2-8　高校生におけるヤングケアラーの存在割合（濱島・宮川（2018）より筆者作成）

しい。そこで表２－８のような形で、いくつかのパターンを算出した。詳しくは、２０１８年の論文を参照されたい。

まず、ケアをしていると回答した者はこれまで述べてきたように２７２名である。ここには程度の軽い者も含まれているが、そのようなケースも全て含めると、ヤングケアラーの存在割合は５・２％になる。これは「高校生20人に１人」の割合で存在することになり、高校であれば１クラスに１、２人はケアをしている生徒がいる、というイメージになる。

次にもう少し負荷が大きいと考えられるヤングケアラーの存在割合をみてみたい。週４、５日以上のケアをしている者は１２３名であり、その場合、存在割合は２・３％となる。さらに、学校がある日に２時間以上かつ学校がない日に４時間以上のケアをしている者は50名であり、存在割合は１・０％である。

学校がある日に２時間以上かつ学校がない日に４時間以上のケアを担っているとなると、かなりの負担がかかっていることが推測でき、すぐにでも支援が必要だろう。そのようなヤングケアラーは「高校生100人に1人」、すなわち高校の各学年に数人はいるというイメージになる。

これによって、少なくともヤングケアラーたちが一定の規模で存在していることが示された。ただし、残念ながら、以上の数値は、大阪府の一部の高校で実施した調査結果のため、これを全国のヤングケアラーの存在割合に適用できるかという、普遍性の問題があった。

しかし、近年になり、埼玉県、国による調査では4%の存在割合が示されている。それを踏まえると、筆者らが示した数字は大きく外れたものではなく、一定の規模でヤングケアラーがいるということは、間違いない事実と言えよう。

なお、文部科学省「学校基本統計（学校基本調査報告書）」によると、2020年5月時点で普通科の高校生の人数は225万4161名となっており、存在割合が1%の場合は、全国では数万人、存在割合が5%の場合、10万人以上のヤングケアラーが存在することになる。

ヤングケアラーがいる家族の傾向

さて、次にヤングケアラーの存在割合を家族形態別にみてみよう（表2－9）。ヤングケアラーはさまざまなタイプの家族にいるが、「祖父母とひとり親（父）と子」が最も高く、次いで「ひとり親（父）と子」「祖父母とふたり親と子」「祖父母と子」となっており、いず

家族類型（全体の人数）	ケアをしている者（ヤングケアラー）の人数（%）
ふたり親と子（3677）	147（4.0）
ひとり親（母）と子（691）	38（5.5）
ひとり親（父）と子（117）	15（12.8）
祖父母とふたり親と子（361）	39（10.8）
祖父母とひとり親（母）と子（156）	13（8.3）
祖父母とひとり親（父）と子（35）	5（14.3）
祖父母と子（28）	3（10.7）
その他（139）	10（7.2）

表2-9　家族形態別の存在割合　※同居の家族について回答があった270名の結果（出典　図2-1と同）

れの存在割合も10％を超えた。また、「祖父母とひとり親（母）と子」でも10％に近い存在割合であった。

これらの結果から、祖父母と同居している場合、またひとり親の世帯である場合、母親がいない世帯（父子世帯や祖父母と子のみの世帯）にヤングケアラーが多くみられると推測できる。

日本全体でみると、三世代世帯は減り続け、「2019年国民生活基礎調査の概況」（厚労省）によると、2019年では全体の約5％にとどまる。しかし、ヤングケアラーは祖父母と同居する世帯に多いことが私たちの調査ではみえてきた。また、国の調査では、三世代の世帯では祖父母のケアが最も多いという結果も示されている。

祖父母と同居し、祖父母がケアを要する状態であれば、孫は自然とケアを手伝うことになっていると思われる。しかも、ひとり親の場合、祖父母のケアと仕事と家のことに追われる親をみて、孫に当たる子どもがケアを担うようになることは、必然に近いと言えるかもしれない。

また、ひとり親の世帯では、ケアを要する家族がいる場合、家庭内で一種の労働力不足が生じているのではないか。すなわち、家事、ケア、仕事をひとりの親が担うことは容易ではなく、ましてその親自身がケアを要する状態であれば、子どもが一定のケアを担うことは必然となる。

なお、ひとり親のなかでも母子（母子または祖父母と母子）の家庭よりも、父子（父子または祖父母と父子）の家庭において、ヤングケアラーの存在割合が高い点に少し着目したい。これは先に述べたように、あくまで仮説の段階であるが、母親的な機能を果たす者が家族内にいない場合、子どもがよりケアを担いやすいことを表しているのかもしれない。ただし、何度も言うが、これにはさらなる検証が必要である。

経済的な問題

ひとり親の世帯や祖父母と同居する場合にヤングケアラーが多くみられることを述べたが、今度は家庭の経済状況別にヤングケアラーの存在割合をみてみたい。

家庭の経済状況について「余裕がある方だと思う」「どちらともいえない」「余裕がない方

高校生からみた家庭の経済状況	ケアをしている者 (ヤングケアラー)の人数(%)
余裕がある方だと思う	44(4.2)
どちらともいえない	115(4.5)
余裕がない方だと思う	98(7.3)

表2-10　高校生から見た家庭の経済状況別の存在割合（出典　図2-1と同）

だと思う」のいずれかを選択してもらった。その結果、経済的に「余裕がない方だと思う」と回答した場合に存在割合が高く、約7％となった（表2－10）。

これは家庭の経済状況に対する高校生の主観的な評価に過ぎないこと、すべてのカテゴリにヤングケアラーは存在していることを踏まえると、この結果だけでヤングケアラーと貧困とを結びつけることはできない。しかし、ケアをしながら、経済的困難も抱えるヤングケアラーが少なからずいるということは重大な事実である。

これにはさまざまな解釈が可能であり、経済的余裕がない場合、外部の介護サービス等を利用できず、家庭内でケアを抱え込み、子どもがケアを担わざるを得なくなっているのかもしれない。逆に、ケアを要する家族がいるために、医療、福祉に費用がかかってしまう、ケアのため親が十分に働けず、経済的困難を抱えるということも考えられる。また、ひとり親世帯にヤングケアラーが多いことを示したが、ひとり親世帯の経済的な脆弱《ぜいじゃく》さを反映した数字ともいえる。

このように、家庭の経済的状況や家族形態とヤングケアラーに関連があるならば、ある特定の条件下において子どもがケアを担う傾向があることを示唆しており、これはヤングケアラーの背景に社会構造的な問題が存在していると考えられる。現段階では断言することはできないが、今後、調査を積み重ね、検証を進める必要があるだろう。

学校生活にもさまざまな影響が

さてこれまでの調査結果から、高校においてもヤングケアラーが一定の規模でいることが見えてきた。何度も言うようにケアをすることそのものは悪いことではない。その経験から得られることは多々ある。

しかしながら、手放しで肯定することもできない。通常の手伝いとは異なる負担や困難をヤングケアラーたちは抱えることがある。今回の調査では、子どもたちの生活・健康への影響をみるために、学校生活、主観的健康感、生活満足感について尋ねてみた。

まず、「学校生活は楽しいですか」と尋ねた結果を図2－5に示した。

全体的に学校生活を楽しいと感じている高校生が多いことがわかるが、ヤングケアラーか否かで若干の差がみられ、統計学的にも有意な差が確認された。

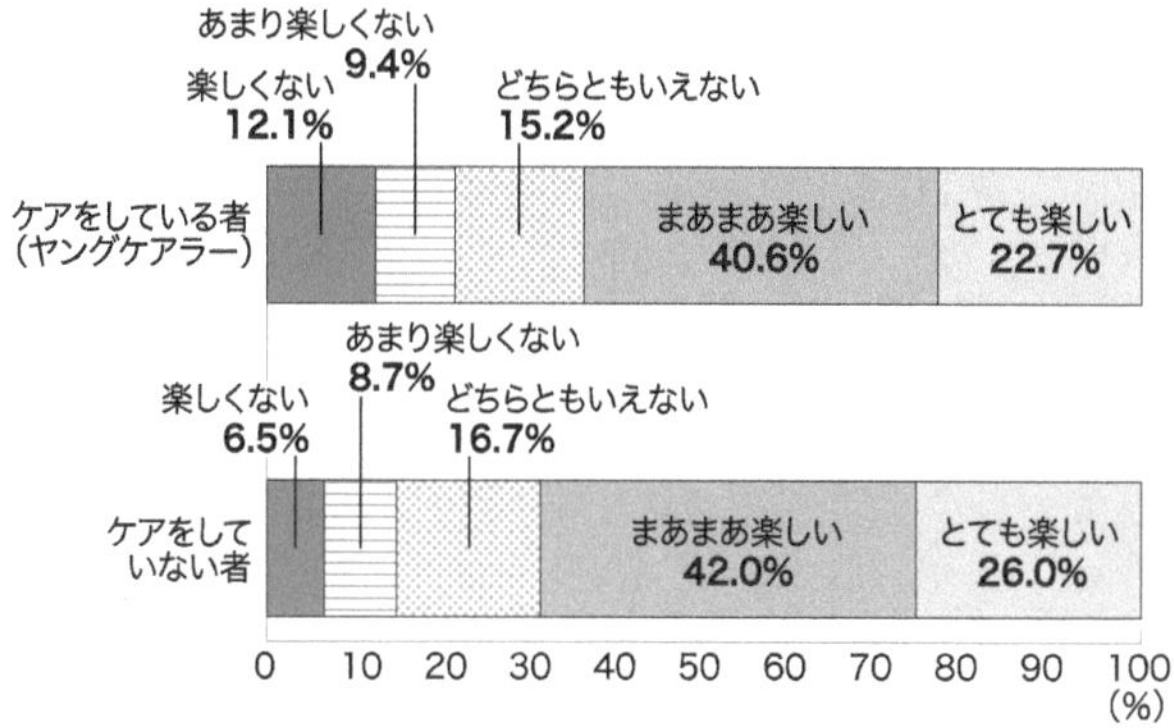

図2-5　学校生活に対する意識（出典　図2-1と同）

ヤングケアラーではない者では「あまり楽しくない」「楽しくない」と答えた者は合わせて1割強であるが、ヤングケアラーでは「楽しくない」が単独で1割を超えた。ケアをしていない者（6・5％）の2倍近いポイントになっている。「あまり楽しくない」と合わせると、約2割に及ぶ。

次に、全体的な生活への満足感について「あなたは現在の生活に満足していますか」と尋ねた（図2－6）。この項目でもヤングケアラーの方が、満足感が低い傾向がみられた。これも統計学的に有意な差があった。

ヤングケアラーではない者では、「不満である」「どちらかといえば不満である」と答えた者は合わせて約2割であるが、ヤングケアラーでは「不満である」「どちらかといえば不満である」と答えた者が合わせて約3割にのぼっている。

なお、「不満である」と回答した者の割合をみると、ヤングケアラーでは約15％であり、ケアしていない者の7・0％と比べると、約2倍のポイントとなっている。

次に主観的な健康感をみてみたい。「この1ヶ月くらいのあなたの健康状態は、全体的にみていかがですか」と尋ねた（図2－7）。ヤングケアラーか否かで差がみられており、ヤングケアラーの方が主観的な健康感が低い傾向がみられ、統計学的な有意差が確認された。

ヤングケアラーではない者では「健康ではない」「どちらかといえば健康ではない」と答えた者は合わせて2割程度になっている。ヤングケアラーでは「健康ではない」「どちらかといえば健康ではない」と答えた者が合わせて約3割となっている。

なお、「健康ではない」と回答した者をみると、ヤングケアラーでは9・3％と1割近くなっており、ケアをしていない者の5・0％と比べると2倍近いポイントである。

先行の日本ケアラー連盟等による教員調査でも、学校生活への影響や疲労等について指摘があったが、今回の調査で、ケアを担う子どもたち自身も、学校が楽しくない、健康が思わしくない、生活に満足していないという自覚を持っている傾向が、統計的にも示されたと言える。

なお、国の調査でもクロス集計の結果、ヤングケアラーの方が、健康状態が「よくない・あまりよくない」と回答した者が多く、遅刻や早退、出席状況についてもヤングケアラーの

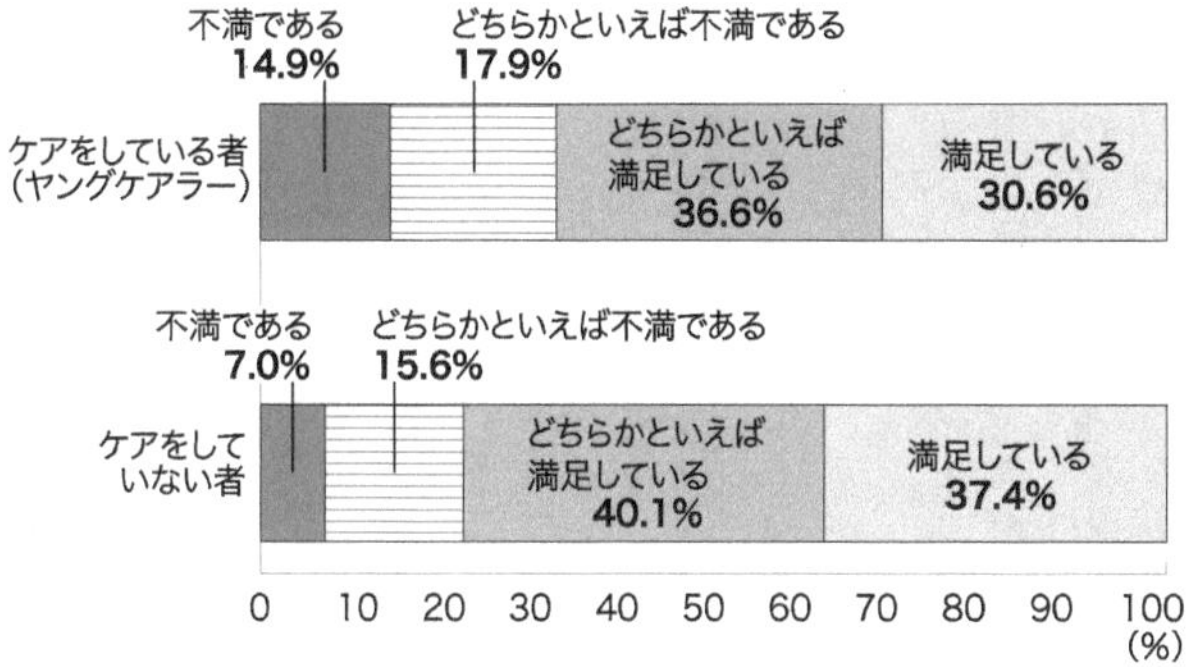

図2-6　生活満足感（出典　図2-1と同）

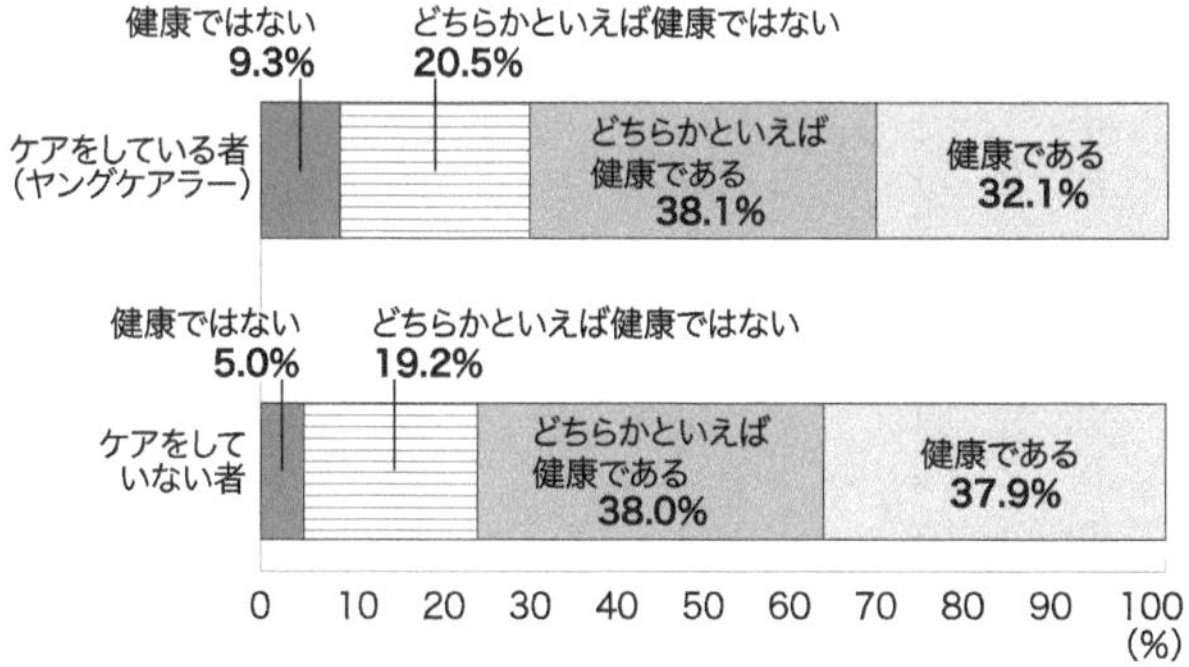

図2-7　主観的健康観（出典　図2-1と同）

方が「よくする」「たまにする」と回答した者が多い結果が示されている。この結果からもケアによる健康、学校生活への影響が生じている可能性がある。

ただし、これらの結果は、ケアをしていると回答しているか否かという、大雑把な区分による比較にすぎない。子どもたちはケアをしているか否かだけではなく、その他さまざまな事情の中で生きており、ケアを担っていなくても何らかの生きづらさ、困難を抱えている高校生たちは大勢いる。そういう意味では、ケアを担っているか否かという軸だけでは、生活、健康、学校面への影響について検証するには限界がある。

そもそもヤングケアラーたちのケアの状況、それによる影響はそれぞれであり、ケアの相手、内容、頻度・時間、期間等によっても異なってくると推測できる。たとえば、精神疾患の親のケア（感情的サポートや家事等）と障がいを有するきょうだいの世話をしていたあるヤングケアラーは、年下のきょうだいのケアをしているときは楽しく、ちょっとした息抜きだったと話していた。

同じようなケアを担っているようにみえても、個人差や複数の要因によって、捉え方、影響の出方は異なる。本来であれば多様な条件を踏まえた分析が必要となる。どのような状況でどのようなケアをどのくらい担っている場合に、生活、健康、学校面等に負の影響が起きやすいか、ある程度の傾向もわかってくるだろう。

これが明らかになれば学校、福祉の現場で、支援を要する状態の子どもたちをいち早くキャッチし、支援につなげやすくなるのではないかと私は考えている。ある地域のソーシャルワーカーは「指標、目安のようなものがほしい」と言っていた。すなわち、この状態になれば支援に動かなければならないと根拠をもって説明でき、あらゆる職種の人が納得するような「共通の指標、目安」がほしい、それによって随分と現場は動きやすくなると。

残念ながらそこまでの分析をするには、今回の調査ではデータ数が十分ではなく、桁がひとつ足りないのが正直なところである。埼玉県調査ほどの大規模調査であれば、分析できたかもしれないが、そのような分析を行う調査票にはなっていない。また、国の調査は、先述したように回答率が低いため、データの代表性の問題が懸念される。

やはり、ヤングケアラーの実態調査は緒に就いたばかりであり、わからないことだらけである。今後、さらなる調査の実施とデータの蓄積が必要と言える。

さて、話をもとにもどしたい。さまざまな限界はあるものの、それでも私たちの調査において、統計的にも有意な差がみられたことは重要な事実である。子どもたちがケアを担うことによって何らかの困難を抱えることがあり、ヤングケアラーの中には支援が必要な者もいることは間違いないと言えよう。

ただし、多くのヤングケアラーは健康、学校生活等への影響が確認されておらず、そこまで追い込まれていない者も多いと考えられる。「ヤングケアラーはみな苦しんでいる」という偏見、固定観念を持つことなく、ひとりひとりの違い、個別性を大事にしたい。

なお、少々マニアックなものになるが、健康への影響について、筆者らはヤングケアラーの方がケアをしていない者よりもポイントが低いことを最近の論文で報告している。詳細はここでは省略するが、関心のある方は２０２１年の論文を参照してほしい。

この論文で着目したい点は、今回の集計では除外した「幼いという理由のみでケアをしている者」の生活満足感、主観的健康感も、ケアをしていない高校生と比べるとポイントが低い傾向がある、という結果が得られたことである。このことから、幼いという理由のみでケアをしているヤングケアラーもまた支援が必要なケースが多くあると言えるだろう。ヤングケアラー支援を考える際、参考にしていただければ幸いである。

ケアをしていることを抱え込む子どもたち

家族のケアを担うなかで、学校生活や毎日が楽しく感じられなくなり、健康面でも不安が生じてきた場合、皆さんならどうするだろうか。この事態を何とかしなければと、友人に相談したり、同僚、上司に話して仕事を調整する、または使える制度やサービスを探して相談窓口に出向くかもしれない。誰かに状況を話してストレスを発散したり、助けを求めたりす

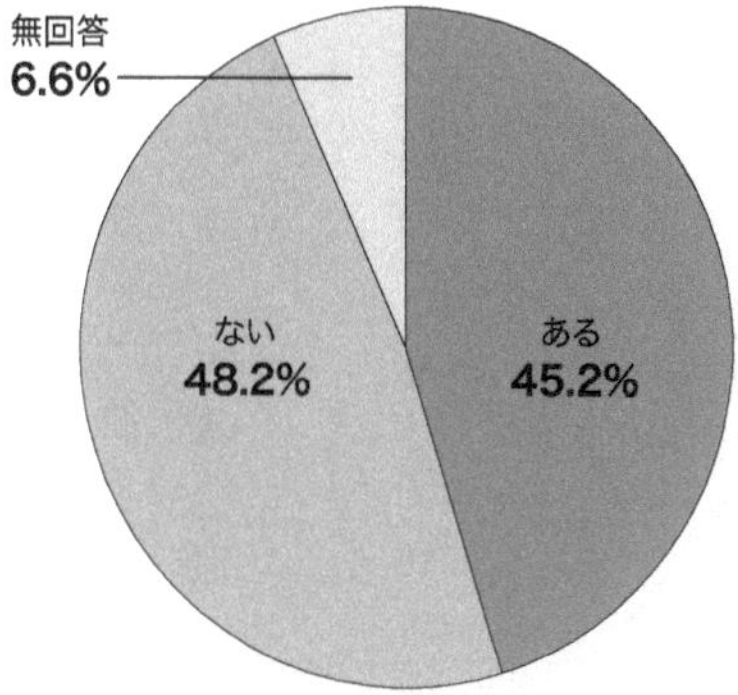

図2-8　家族以外の人に話したことがあるか（出典　図2-1と同）

るのではないだろうか。

それでは、高校生であるヤングケアラーたちは自分がケアをしていることを誰かに話すことがあるのだろうか。

ケアをしていると回答した者に、家族以外の人に話したことがあるか否かを尋ねた。その結果、「ある」と回答した者と「ない」と回答した者が半々の結果となった（図2-8）。

さらに「ある」と回答した者には、話したことがある相手を選択肢から選んでもらった（図2-9）。その結果、「友人」が最も多く、他の選択肢と比べても群を抜いていた。高校生としては身近な友人に話す機会が多いことがわかる。次いで多い回答は「学校の先生」であり、やはり学校の先生は子どもたちにとって、家族以外の最も身近な大人であることがうかがえる。

ここで注目したい点が「医療、介護、福祉の専門職」である。今回の調査結果では「医療、介護、福祉の専門職」に話した者は11名（4・0％）と非常に少なかった。身近な存在である友人や先生に話すことができれば、気分転換やストレス解消につながるかもしれず、また有効なアドバイス、情報を得ることもできるであろう。

しかしながら、彼らが置かれている状況を根本的に改善し、ケア役割を軽減もしくは解消するためには、医療、介護、福祉等の専門職による支援や関連する制度・サービスの利用が欠かせない。そこでこれらの専門職とヤングケアラーがつながり、彼らのニーズに合わせた支援がされることが望ましいが、今回の調査では、ほとんどのヤングケアラーが専門職と接点すら持っていない様子がうかがえる結果となった。

なお、本調査では、介護・福祉サービスの利用状況についても尋ねており、半数近くが利用していると回答し、利用していないと回答した者が約3割、「わからない」と回答している者が約2割であった。この結果をみると、ヤングケアラーたちの家庭にまったくサービスが入っていないわけではないことがわかる。

確かに元ヤングケアラーとの話の中では「（ケアマネジャーが定期的に来ていたが）いつも『主介護者』である母親と話していた」「（精神疾患を有している）母親は通院していたみたいだけど、（自分は）先生や看護師さんとは会ったことも、話したこともない」ということを

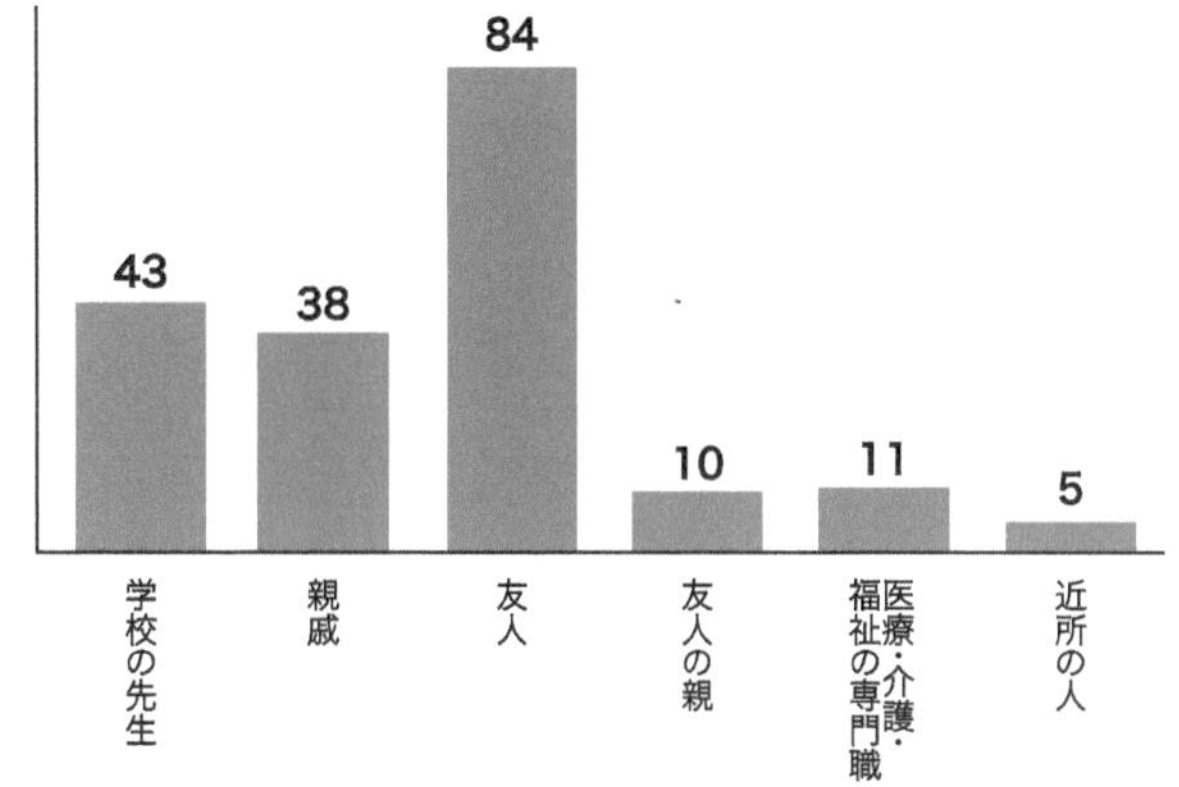

図2-9　話したことがある相手は誰か（複数回答可）（出典　図2-1と同）

よく聞く。

専門職は、患者やサービス利用者（ケアが必要な本人）へのアプローチ、また「主介護者」と位置付けられた家族とのかかわりを持つが、その子ども、孫にまで注意が向くことはあまり多くないのだろう。一方で、ケアマネジャーが常にヤングケアラーである自分を気遣ってくれて、それで学校を辞めずにすんだという話もあり、専門職による支援が有効であることがうかがえる。

読者の中で、医療、介護、福祉等の専門職の方がいたら、意識してヤングケアラー（と思われる子ども）と直接話をする機会を設けてみてほしい。そして家族内でどのような役割を担っているか、それによって、健康、学校、生活に影響が出ていないか、尋ねてみてほしい。

私が何よりも注目すべきと思ったことは、半数が誰にも話していないという点だ。なお、国の調査でも、ケア（世話）について相談したことがない者が5割から7割近いという結果であった。その理由として「誰かに相談するほどの悩みではない」が最も多く挙げられていた。「悩み」を「相談」することは確かにハードルが高く、ヤングケアラーの中には悩みを感じていない（自覚していない）場合も少なくない。話していない子どもが多く存在することはまだ理解できる。

しかし、本調査ではそこまでのことを聞いているのではない。単に「ケアをしていること」を話したことがあるか否かを聞いているのみである。それでも、半数が誰にも話していないという結果であった。その理由はさまざまであろう。家族をケアすることは当たり前で話すまでもないと思う者もいれば、家庭内のこと、しかも障がいや疾病といった家族のプライバシーにかかわることを話すのは躊躇《ちゅうちょ》するケースもあるだろう。

どのような理由だとしても、また話すか否かは本人の自由だとしても、ヤングケアラーにとってケアを要する家族の状態や自分が担っているケアに関する事柄は、自分の日常そのものであり、大きな関心事、日常的課題になっていると考えられる。

それにもかかわらず、ケアをしているという事実すら「誰にも」話さない、話すことができないということは、友人からの誘いを断るとき、遅刻、宿題忘れの理由を問われたとき、どのように答えているのだろうか。大なり小なり、彼らが孤立した状態、抑圧された状態に置かれていることを表していると言えよう。

大人の家族介護者でいえば、高齢者虐待、介護殺人・心中にまで追い込まれる背景のひとつに家族介護者の孤立があることが指摘されている。孤立状態でのケアにはさまざまな弊害がある。負担の増大、発見、支援の遅れを招く。家族と一緒にしていれば、子どもであれば、大丈夫という話にはならない。ヤングケアラーたちが自分のケアや家族について安心して話せる、聞いてもらえる環境が日常にあることが望まれる。

ヤングケアラーの半数が誰にも話さずにいるという現状、そして友人には話していても、教員や専門職といった頼れる大人には話していない者が多いという事実は、今後の課題として認識する必要がある。

このような話をすると、私が親しくしている元ヤングケアラーに必ず注意を受ける。

「話をできたらいい、というものではないんです。話したときの相手の反応によっては、かえって傷ついたり、嫌な思いをすることがあるんです」

また、このように言った元ヤングケアラーもいた。

「戦略的に『話さない』という選択をとることがある。話さない方が自分のためになることがあるから」

すなわち、勉強や進路、部活、恋愛等に関する話をしていても、抱えている背景、勘案しなければならない事項が、他のクラスメイトたちとは少々異なってくる。そこには社会から白い目でみられるかもしれない、どんな反応が返ってくるかわからない、そんな底知れない不安を伴うような事柄も含まれている。実際に話したことで自分にとって不利に働いた、人が離れていったという経験を持つヤングケアラーたちもいる。

障がいや疾病に対する差別、偏見が強く、「家族が家族のケアをするのは当たり前」、「子どもがケアをしているはずがない」等、家族ケアに対する理解が不十分な社会では、話すことに大変なリスクが伴うことを、彼らの中には「スティグマ（烙印《らくいん》）」と向き合って生きている者がいることを、私たちは認識する必要がある。

必要とされているのは、彼らが置かれている状況とその心情を適切かつ十分に理解した人（教員、専門職のみならず、クラスメイト、地域の人等も含まれる）が日常的に周りにいることである。そしてそのような理解者や同じ様な状況にある仲間と出会い、安心して話せる場、機会が、地域や学校など、彼らの身近なところに用意されていることである。

2．高校教員による認識との比較

教員たちへの調査も実施

２０１６年の大阪府における私たちの調査は、高校生だけではなく、教員に対する調査（以下、大阪府高校教員調査）も同時に実施した。これまでみてきた高校生調査とほぼ同じ高校で実施しているため、教員の認識に基づく実態、そして子ども自身の認識に基づく実態との違いも垣間見られるため、ここで少し紹介したい。

なお、大阪府高校教員調査の調査票は、日本ケアラー連盟が２０１５年に南魚沼市で小中学校の教員を対象として実施した調査の調査票をベースとした。

大阪府高校教員調査は、11校から協力を得ることができ、そのうち9校は高校生調査と同じ高校である。５８８名に調査票を配布し、３６５名の調査票が回収された。そのうち、白紙であった18票を除き、３４７票を分析対象とした。以下、主な結果を紹介していきたい。

「ヤングケアラー」、「ケアを担う子ども」、「若年介護者」などの言葉を聞いたことが「ある」と回答した者は99名（28・5％）であり、「ない」と回答した者は２４７名（71・2％）であった。3割近くの教員がヤングケアラー等の言葉を当時知っていたことは評価すべきである。現在はさらに認知度が上がっていると考えられるが、教育現場ではこれを１００％とすることを目指していきたいところである。

また、自分が担任しているクラスにヤングケアラーではないかと思われる生徒がいるか否かを尋ねたところ、「いる」と回答した者が51名（37・2％）、「いない」と回答した者が39名（28・5％）であり、「わからない」と回答した者が47名（34・3％）と回答が分かれた。さらに高校別にみると、66・7％の教員が「いる」と回答した学校から、9・1％にとどまっている学校まであり、高校によってかなりの差がみられた。

教員も把握しているヤングケアラー

担任クラスのヤングケアラーと思われる生徒（複数人いた場合は最も印象的なケース）について詳細を尋ねると、53名のケースについて回答がえられた。

ケアの相手は「年下のきょうだい」が最も多く、次いで「母」、「父」であった（上位3項目。表2－11）。先に紹介した高校生への調査と異なり、祖父母が上位に入っていないことについて、不思議に思われる方もいるかもしれない。その点についてはまた後述するので、まずは結果をみていきたい。

家族の構成は「二人親と子ども」が4割近くを占め、順に「母と子ども」、「父と子ども」となっていた（上位3項目。表2－12）。ケアの内容は「家事」が最も多く6割近くのケースで回答があり、次いで「きょうだいの世話」などがあった（表2－13）。

なお、ヤングケアラーがケアをすることになった理由は「親の病気・障がい・精神疾患や、

ケアの相手	人数	割合*1
年下のきょうだい	29	55.8%
母	17	32.7%
父	7	13.5%
年上のきょうだい	4	7.7%
わからない	4	7.7%
祖父母	3	5.8%
その他	2	3.8%
年上、年下は不明のきょうだい	1	1.9%

表2-11　ヤングケアラーのケアの相手（*1　ケアの内容が回答されていた52名に対する割合）（出典　濱島淑惠・宮川雅充、2020　高校教員のヤングケアラーに関する認識、生活経営学研究、No.55、p55-64）

入院のため」が最も多く、次いで「年下のきょうだいがいるため」、「ひとり親家庭であるため」等が挙げられた（表2－14）。さらに、「遅刻」や「欠席」等の学校生活への影響も指摘されている（表2－15）。

ひとり親世帯にヤングケアラーが多くみられること、母親、父親、年下のきょうだいの世話をしているヤングケアラーが多いこと、ケアの内容は家事が多いこと等が読み取れる。この結果は、日本ケアラー連盟による教員調査の結果と複数の類似点がある。地域や校種の違いはあるが、教員がキャッチしているヤングケアラーのケースには一定の共通点があるのかもしれない。

ここで注目したい結果のひとつはヤングケアラーの存在割合である。各クラスの生徒数も尋ねて

家族構成	人数	割合*1
二人親と子ども	20	37.7%
母と子ども	17	32.1%
父と子ども	7	13.2%
二人親と子どもと祖父母	3	5.7%
わからない	2	3.8%
一人親と子どもと祖父母	1	1.9%
祖父母と子ども	1	1.9%
子どものみ	1	1.9%
無回答	1	1.9%

表2-12　ヤングケアラーの家族構成（*1　53名に対する割合）（出典　表2-11と同）

ケアの内容	人数	割合*1
家事	31	59.6%
きょうだいの世話	19	36.5%
請求書の支払い、病院への付き添いや通訳など	8	15.4%
わからない	7	13.5%
家庭の管理	6	11.5%
身の回りの世話	6	11.5%
感情面のサポート	6	11.5%
その他	4	7.7%
身体介助	2	3.8%

表2-13　ヤングケアラーのケアの内容（*1　ケアの相手が回答されていた52名に対する割合）（出典　表2-11と同）

ケアをすることになった理由	人数	割合*1
親の病気・障がい・精神疾患や、入院のため	15	40.5%
年下のきょうだいがいるため	14	37.8%
ひとり親家庭であるため	11	29.7%
親が仕事で、家族のケアに充分に携われないため	7	18.9%
きょうだいに障がいがあるため	7	18.9%
親が家事をしない状態のため	4	10.8%
祖父母の病気や加齢、入院のため	3	8.1%
親にとって日本語が第一言語でないため	2	5.4%
福祉などのサービスにつながっていないため	2	5.4%
自発的に	2	5.4%
その他	1	2.7%

表2-14　ヤングケアラーがケアをすることになった理由（*1　理由を知っていると回答されていた37名に対する割合）（出典　表2-11と同）

学校生活への影響	人数	割合*1
遅刻	23	60.5%
欠席	19	50.0%
学力不振	7	18.4%
友達やクラスメイトとの関係を充分に築けない／関係がよくない	7	18.4%
早退	5	13.2%
部活などの課外活動ができない	5	13.2%
その他	4	10.5%
宿題をしてこない	3	7.9%
忘れ物	2	5.3%
衛生不良	2	5.3%
栄養不良	2	5.3%

表2-15　ヤングケアラーの学校生活への影響（*1　学校生活への影響が回答されていた38名に対する割合）（出典　表2-11と同）

おり、そこからヤングケアラーの存在割合を導き出したところ、全体で1・5%となった。先述した通り、高校生を対象とした調査では、ヤングケアラーの存在割合は5・2%であり、数値に開きがあることがわかる。

9校において教員と高校生の両方で調査を実施しているため、その対照を図2－10に示した。Iの高校では教員調査と高校生調査の結果の値が非常に近くなっているものの、ほかの多くで、高校生調査の結果の方が、存在割合が高くなっていることがわかる。

今回、調査に協力してくれた高校において、ヤングケアラーと考えられる生徒とのかかわりについて尋ねたところ、見守り、声かけ、学習支援や進路相談等、さまざまな形で行われていた。そのような高校であっても、教員では把握できないヤングケアラーが存在することがこの結果からわかる。

では、どのようなケースが見落とされがちなのだろうか。可能性として指摘できるのは高齢者（祖父母）のケアをしているヤングケアラーである。今回の調査では親や年下のきょうだいの世話をしているケースが多く示されており、祖父母のケースが3ケース（全体の5・8%）にとどまっていた。しかし、ほぼ同じ高校の高校生に尋ねた調査では、要ケア家族として祖父母が多く挙げられていた。

私は、祖父母のケアをしているケースがみえにくいという点について、現役の高校教員数

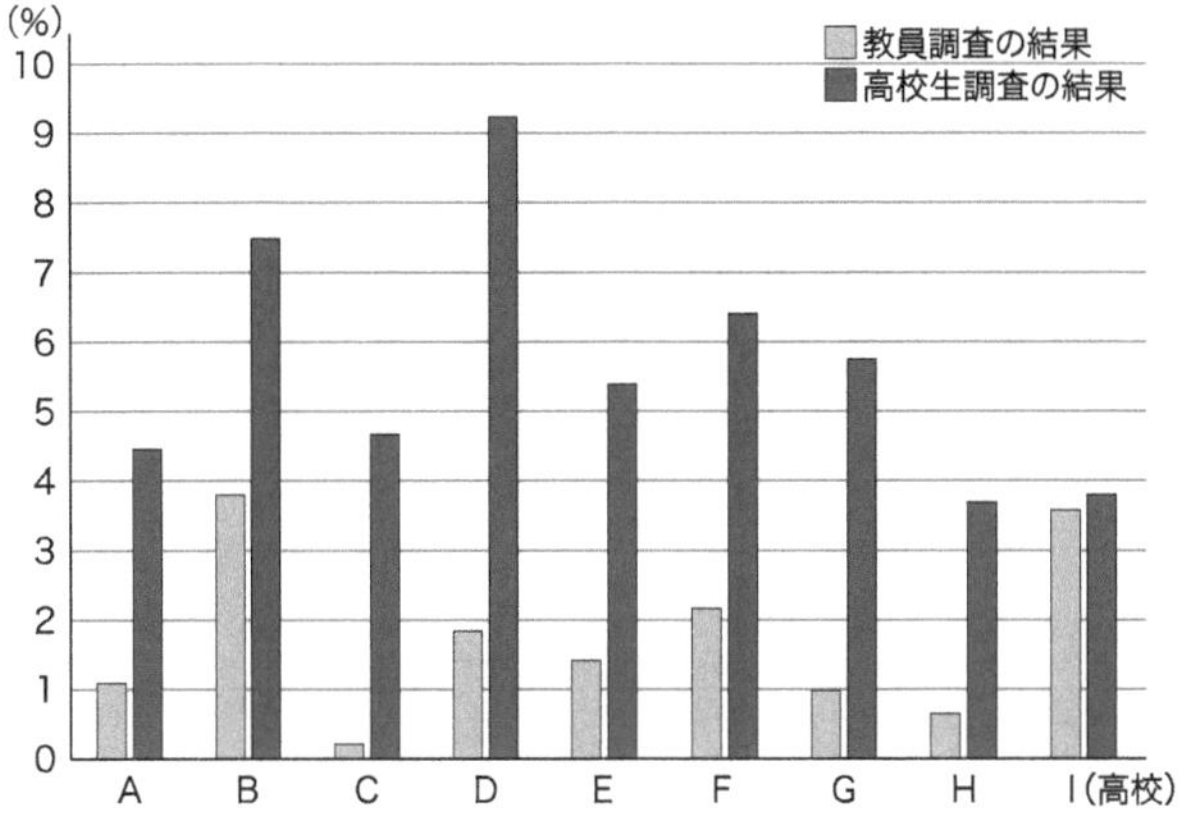

図2-10　ヤングケアラーの存在割合の比較（出典　表2-11と同）

名に意見を求めたことがある。いずれの先生も、概《おおむ》ね次のような意見だった。

「親やきょうだいのことならまだ話にも出るが、祖父母のことまでは話に出ないからわかりにくいのではないか？」

この答えには頷《うなず》ける。教員とはいえ、何のあてもなく、家庭内のことをずけずけと聞くことはできない。

一方で、その祖父母がサービスを利用していた場合、高齢者福祉の専門職は、子どもが手伝っていることをキャッチしている場合もあるだろう。ある学校の校長はこう話していた。

「専門職の方から、この生徒は祖父母の介護で大変なので、学校でもサポートしてあげてほしいと言ってもらえるとありがたい。そこまでわかっていれば、その生徒に事情を聞くことも、学校として配慮することもできるようになる」

学校と専門職とではみえるケースが異なる。私が学校と高齢者福祉、障がい者福祉の連携が不可欠であると考える理由のひとつは、ここにある。

次に教員がキャッチしにくいケースとして考えられるのは、学校生活にはあまり支障がでていないときである。今回の調査では教員が、その生徒がヤングケアラーであることに気付いたきっかけを聞いており、結果は（春の）面談が最も多かった。そこで自然と家庭の事情の話になる場合もあるだろうが、遅刻や欠席といった話から、その生徒の事情がわかってくるというプロセスもあるそうだ。

また、この1・5％という数字は、高校生調査から示された、負担が大きいと考えられるヤングケアラー（「学校がある日に2時間以上のケアをしている者」「学校がない日に4時間以上のケアをしている者」）の存在割合（それぞれ1・2％）や、北山・石倉が2015年の論文で示した学校生活に影響が出ているヤングケアラーの存在割合（1・2％）と近い。

これらから推測すると、「ケア時間が長く負担が大きいケース」や「学校生活にまで影響が生じているケース」は、生徒の様子や面談等でヤングケアラーであることがわかってくる。一方で、「学校生活には影響が生じていないケース」、または「子ども自身の努力で何とか持ちこたえているケース」は、教員であっても把握することが難しいともいえる。

奇跡の調査

本章では私たちが行った大阪府立高校で実施した調査の結果をもとに、ヤングケアラーの実態をみてきた。無論、先述したように本調査には抽出方法、データ数等の課題がある。それでも、初めて子どもたち自身に尋ねる一定規模の調査を実施し、ヤングケアラーが一定の規模で存在しているということ、ケアの相手や内容、それによる影響等について、信憑《しんぴょう》性《せい》のある結果を示すことができたと考えている。

この調査が実施されてから数年後、埼玉県や国も実態調査に着手した。今後はさらに各地で行われるだろう。私たちが手掛けた調査が、このような流れを作る一助となれたことは嬉《うれ》しく、誇りに思っている。

特に本調査は行政とともに行ったものではなく、研究者と有志の高校の協力を得て実施したものである。大げさに思われるかもしれないが、実施した私からすれば、まさに奇跡的に実現したといっても過言ではない。

私たちは大阪、埼玉以外の地域でも調査を実施したが、その当時、ヤングケアラーに対する理解は皆無に近かった。

「そんな子どもたちがいるはずないだろう」

「そんな調査をしても意味がない」

お叱りを受け、しょんぼりしながら帰ったことが何度もある。すぐには家に帰れず、共同研究者とともに遠い目をして海を眺め、心を癒《いや》してから漸《よう》く帰途についたこともある。


そのような苦労の末に実施した調査だけに、社会的意義のあるものだったという自負がある。しかし、それと同時に決して忘れてはならないと胸に刻みこんでいることは、この奇跡の調査を実現させることができたのは、理解を示し、協力してくださった教育現場があったからということである。


調査はある大阪府立高校のA校長との出会いによって実現した。研究会で偶然A校長の隣に座った私は、ヤングケアラーの話をした。A校長はヤングケアラーという言葉をご存じなかったが、具体的にどのような子どもたちを指すのか説明するとすぐにピンと来た様子で、こう答えた。

「たくさんいてますわ。そんな子どもたちを大勢みてきました」

そして続けた。

「そういう子どもたちは『ヤングケアラー』と言うのですか。初めて知りました。そんな生徒たちはたくさんいます。先生方は本当にどうにかしてあげたいと思っています。調査をしたいなら、知り合いの校長に声をかけますよ。言ってください」

そう申し出てくださった。それからA校長のネットワークで大阪府下の高校を訪問し、調査の目的、概要を説明し、協力を依頼して回った。

本調査は、検討に検討を重ねた上で必要最小限の質問項目にとどめたものの、総頁数は少なくなく、家庭での生活、家族の状態等について尋ねる項目も含まれている。調査のための時間を確保して学校の年間スケジュールに入れ込むことは至難の業であり、また回答する生徒たちの労力も大きい。しかも本調査の結果が回答してくれた生徒にとって、即座に、直接的なメリットにつながるとは言い難い。

そのような数々のハードルがあるため、当然ながらそれぞれの高校の事情によって協力できない旨の回答をいただいたところもあった。それでも高校生調査10校、教員調査11校もの高校が協力を快諾してくださった。

私も同じ教育現場にいる身としてとてもよく理解できるのだが、教員はまずは生徒を守らなければならない。外部から来た何者かもわからぬ研究者に対して、生徒を対象とした調査を許可する、そのような判断をするということは並大抵のことではない。

正直、私自身もここまでご協力くださる高校があったことに驚いた。ただ、そこにあるのは一重に生徒のために社会を変えてほしいという、先生方の強い熱意であった。このような面倒なことをお願いしたにもかかわらず、「応援していますよ」とあたたかいお言葉をくださった高校は複数ある。

この調査を実現させたのは私たち研究者ではない。A校長をはじめとする12人の校長と数百人に及ぶ高校の先生方の理解と努力があってこそである。

ヤングケアラーの姿を世に訴えたのは、これら教育現場の崇高な意思であったことを、本章の最後にお伝えしたい。調査の匿名性を保つためここで具体的な名前を挙げることは叶わないが、心から感謝の意と敬意を表したい。

第三章

私が出会ったヤングケアラーたち

＊　＊　＊

これまで実態調査に基づくヤングケアラーの姿をみてきた。ヤングケアラーが一定の規模で存在していること、それほどケア負担が大きくなっていない場合もあれば、ケアのために通学、学業、友人関係、健康面に影響が生じているケースもあることがみえてきた。

しかし、これだけではまだ雲をつかむような感覚が残るのではないだろうか。ケアを担うことによって、なぜ、通学、学業が困難になるのか。友人関係までうまくいかなくなるのか。健康面の問題とは具体的にはどのようなことが起こるのか。そもそもなぜケアを担うようになり、そのような問題を抱えてもケアを続けるのか。ヤングケアラー本人たちは、そのような日常をどのように感じているのか。疑問はつきない。

そこで本章では私と研究チームが出会ったヤングケアラーたちの語りの一部をご紹介したい。本章で、ヤングケアラーたちが日々何をしていて、家庭内でどのような役割を担っており、彼らの生活、人生において何が起こり、彼らはどのような気持ちでいるのか、より具体的なイメージが浮かび上がると思う。

無論、すべての疑問に対する答えが出るわけではない。ヤングケアラーの置かれている状況、感じ方は人それぞれである。多様性がありながらも、彼らには共通点もある。そのことを頭の隅に置きながら、そして実態調査の結果も踏まえながら、ヤングケアラーたちの姿を見てほしい。

ここでは質問紙調査でも多くみられた1祖父母のケア、2精神疾患の母親のケア、3障がいを有するきょうだいのケアを担うヤングケアラー4名（1は2名、2と3は各1名）を紹介したい。

1．高齢社会を反映する祖父母のケア

友也さんとの出会いは近所の人の電話から

最初に、私が深くかかわってきた元ヤングケアラーの友也さんをご紹介したい。友也さんは、小学生の頃から祖母や病気の母親をケアしてきた。彼の話を聞くと、小さい頃からケアを担う場合があり、それが連続してケアが長期間化することがよくわかる。

また、彼はその過程において、通学が難しくなり、友人関係が希薄化し、健康を崩していく。ケアを終えた後もその影響は続き、社会参加の足かせとなってしまうことを伝えたい。

まずは友也さんとの出会いから述べよう。

ある日、研究室の電話が鳴った。大学の事務からで、地域の方がヤングケアラーに関するテレビの番組をみて、私に電話をくれたと言う。慌ててかけなおし、後日、研究室にきてくれることになった。

その方はご夫婦でいらして、ご近所の、ある男性の話をし始めた。

「近所に若者がいるんですけど。どうもおばあさんの介護、あと体が弱いお母さんの介護をしてきたみたいなんです。そのために学校も行ったり行かなかったりとかで。でも本が好きで、本当によく読んでいて、とても良い若者なんです」

今では祖母も母親も亡くなり、ケアはしていないが、社会との接点をほとんど持てずに暮らしているという。そのご夫婦は、若者と知り合ってからは、時々訪ねて話をしたりしていて、何とかできないものかと考えていたという。そのなかで「NHKの番組をみて、『これだ！』と思って！」、私を訪ねてくださったということだった。

私は、その男性は確かにヤングケアラーだと思われること、ただ現在はヤングケアラーを対象とした支援、サービスは用意されていないことをお話しした。何かできないか一緒に話し合い、また後日連絡することになった。

それにしても、ご近所の方がその若者を気にかけて関係を持ち続け、わざわざ大学まで連絡をして、実際に足を運んでくださることはそうあることではない。そのやさしさ、誠実さに感銘を受けた。

私が出会うヤングケアラーの多くは、さまざまな困難な状況に直面しながらも、大学に通い、就職ができた若者たちである。しかし、実際には、学校・大学に通えず、就職もできず、当事者団体ともつながっていない、いわば社会から孤立状態のヤングケアラーたちが地域に点在していると考えられる。

このように社会に潜在化するヤングケアラーたちに気付き、再び社会とつなぎ合わせるきっかけを提供できるのは「地域」である。地域の中に理解者がいることが、いかにヤングケアラーたちにとって心強いことか痛感した。

それからしばらくして、私は友也さん本人と会い、話をうかがうことができた。はじめは緊張されていたのか、少し表情が硬かったが、話していると笑みもこぼれるようになった。とてもやさしい、穏やかな雰囲気の方だった。

しかし、彼はその雰囲気からは想像もできないような、孤独とさみしさの中で生きてきたことを語り始めた。

母と祖母と。3人での暮らしのはじまり

友也さんは物心ついた頃から母、祖母と暮らしていた。話によると、友也さんがまだ2、3歳の頃に父親は亡くなり、その頃から母親は体調を崩してしまったとのことである。母親がひとりで幼い子どもを育て、生計を立てていくことは容易ではないうえに、友也さんの母親はもともと体が丈夫ではなかった。そのため、母の実母、すなわち友也さんの祖母と一緒に住み始めたとのことである。しかし、祖母も高齢であり、母親も体調が思わしくなく、外に働きに出ることは難しかった。

そこで小さな店を始めたそうだが、経営は思わしくなく、しばらくして閉店となった。その後、家族3人は祖母の年金で暮らすようになった。

友也さんがケアを始めたのは小学生の頃で、母親は体調不良のため、家で休んでいることがほとんどであった。家のことは祖母が中心となり担っていたが、祖母も高齢であるため、友也さんはそのお手伝いを始めた。具体的には買い物をしたり、家事を祖母とともにしていたという。

このような経緯なので、友也さんにとってケアの始まりは祖母の「手伝い」という感覚だった。この「手伝い感覚」というのは、多くのヤングケアラーたちが口にすることである。それだけに、ケアを担っているという自覚を持たないヤングケアラーは多い。私が知る元ヤ

ングケアラーたちでも、大人のケアラーから指摘されたり、他のヤングケアラーの話を聞く中で、「自分がしていたことはケアだったんだ！」と気づくパターンが多い。

そして、友也さんはその後も手伝いの延長でケアを担い続ける。小学3年生の頃には、祖母が腰を痛め、半分寝たきりになってしまった。これによって体の不自由な祖母と、体の弱い母親と、小学生の友也さん、家族3人が少しずつ力を合わせて生活するようになる。

友也さんの役割は、病院への付き添い、お弁当等食料の買い物、食事の準備だった。外出できる家族がいなかったため、外出しなければならないような用事は、自然とすべて友也さんがするようになったという。

また、祖母は腰が悪かったため、体の清拭《せいしき》（入浴はできなかった）や着替えやトイレの介助も必要だった。しかし、さすがにこれらは小さい友也さんだけではできなかったため、母親と協力して行っていた。

このように祖母が要介護状態になったことをきっかけとして、友也さんのケア役割は増えた。しかし、友也さんが小学生の頃までは、母親がまだ動くことができたため、無理をしながらも、夜間の介助等、かなりのケアを担ってくれていた、と友也さんは語った。そのおかげで、友也さんは小学校に行ったり、友人と遊ぶことはできていたとのことであった。

中学校に入っても、母親、祖母の状態に大きな変化はなかったが、友也さんの成長とともに、家事や身体介助等、ケアの分担が増えていき、学校を休む、遅刻することが増えていった。

学校に十分に行くことができず、家では家族のケアのため、勉強をすることもできなかった。

「勉強には……ついていけなく、なりました」

さらに、中学時代の友人関係についてはこんなふうに話してくれた。

「学校に、あまり行けなかったから……。友達が、いなかったから……」

休みがちになることによって、少し知り合ったクラスメイトとも、関係を築くことができず、この頃に友人づきあいはほぼ無くなってしまったという。

話は少し飛ぶが、それを感じさせることが最近あった。友也さんは、最近、マスコミの取材を受けることがあった。そのとき、私は、プライバシーを晒《さら》すことになるので本当に大丈夫か、彼の意思を何度も確認した。しかし、友也さんは、「誰も自分を知っている人はいないから。大丈夫です」と微笑んだ。

小学校までは多くの友人がいて、一緒に遊び、過ごすことが大好きだった友也さんは、中学時代を振り返ってこう言った。

「本当に、寂しかった……寂しかったです」

このように、ケア役割が増え、学校生活や友人関係にも影響が生じ、寂しさを抱えていたが、そのことを話せる相手はいなかったという。学校の先生には「言える雰囲気ではなかった」ため話すことはなく、関係が疎遠になっていった友人にも、深く話すことはできなかった。

ひとりきりであることの不安、重責

高校は定時制高校に進学した。中学の成績が思わしくなかったこと、家庭の経済状況、家族のケアのこと、総合的に考えて他に行けるところはなかったという。

高校に入ってからも家事、祖母の介助、さらに買い物や通院介助など、外出しなければならない用事は全て友也さんが担っていた。当然ながら高校でも遅刻、欠席が多くならざるを得ず、学校でも家庭でも、勉強するような状態にはなかった。無論、友人を作ることは難しかった。

特に高校3年の頃が一番きつかったという。祖母が病気で入院し、ケアが一時不要になった。しかし、その後すぐ、心臓の弱かった母親が倒れて救急車で搬送された。母親は退院できたものの、全面的に介助が必要な状態になった。

友也さんは、祖母のケアから母親のケアへと連続するわけだが、ヤングケアラーではこのようなことは決して珍しくない。その場合、ケア役割が切れ目なく続き、その影響は長期化する。

しかも、母親が倒れたときから友也さんは、ひとりで母親のケアを担うことになった。これまでは、祖母または母親と協力してケアをしてきたが、たったひとりでケアを、その責任を引き受けることになったのである。

10代の高校生がひとりでケアの全て、すなわち自分と家族の生命と生活の全てを引き受ける、ということを想像できるだろうか。これは今までとは異なる次元のケア役割へと移行したと言える。

さらに、母親は一度倒れたことによる不安から、ひとりでいることを強く嫌がるようになり、友也さんは母親のそばを離れることが難しくなった。そのため学校を欠席することが一気に増えた。たとえ学校に行っていても、家のことが気になり、終わったらすぐに帰宅しなければならなかった。

家の経済状態を考えると、本当はアルバイトもしたかったが、母親をひとりにできず、ほとんどできなかった。無論、部活、課外活動も一切しなかった。これは高校のときだけの話ではない。すでに小学校の頃から家族のケアのため課外活動をすることは難しく、修学旅行は一度も行くことができなかった。
このようにして友也さんの生活は、家族のケア一色に染まっていった。

友也さんは、この高校3年生以降が一番つらかったと言っているが、それはケア負担だけが理由ではない。それよりもむしろ「ひとりきり」だったからだと言う。

ケア一色の生活とは、ひとりきりの生活の始まりであった。それまでは祖母がいて、母がいた。それぞれケアが必要だったが、それでも少しずつ助け合いながら、相談しながら生きてきた。

しかし、もはや自分だけでケアを担わなければならない。誰一人として相談できる相手はいない。頼れるきょうだいでもいればいいが、それもない。何かあってもその都度ひとりで判断しなければならない。「ひとりきり」の状況による負担がおおきかった。

「毎日……不安でいっぱいで……本当に、つらかったです」

さらにこのときの状況をこのようにも語った。

「世話が必要じゃない人が……自分しか、いなかった」

何とも言えない表現である。自分がケアをするしかない。頼れる人がいない、というケア役割の話だけではないだろう。

友也さんにとって家族は「ケアの対象」ではない。さまざまな苦難にも一緒に向き合い、時には楽しく笑い、固い絆《きずな》で結ばれた、愛する家族である。その家族が少しずつ元気を失い、自分を残して変わっていく。深い悲しみ、喪失感、恐れが、そのセリフの根底にあるように私は感じた。それを分かち合える人もいない。この「ひとりきり」の感覚を、高校生の友也さんは「ひとりきり」で背負っていたのである。

ただ、この時期、唯一の理解者がいた。それは高校の先生である。友也さんの欠席の多さを心配し、声をかけてくれた。その先生にだけは家のことを話すことができ、友也さんが何とか卒業できるよう、相談にのってもらえたという。

先生は介護や福祉サービスのことをよく知っているわけではなく、友也さんの置かれている状況を根本から変えてくれることはなかった。しかし、「ひとりきり」だった友也さんにとって、時々行くことができた学校に、話を聞き、理解してくれる人がいて、親身になって卒業できるよう一緒に考えてくれるということ。それだけで大きな支えになったという。

ケア一色、先のことなど考えられない

高校は出席日数ぎりぎりで卒業することができた。友也さんの高校卒業に合わせるように、祖母が退院してくる。祖母も要介護の状態（当時、要介護3程度）であり、常に見守りや身

の回りの介助が必要であった。これによって、友也さんは母親と祖母のケアを一手に引き受けることになる。

友也さんは、とにかく高校卒業までは何とかしようと思っていたが、それ以降のことは考える余裕など全くなかった。そこに祖母の退院が重なった。就職することも進学することも考える間もなく、そのまま母と祖母のケアに突入する。

このときにはすでに介護保険制度が始まり、祖母はホームヘルパー、訪問看護のサービスを利用できた。ケアマネジャーの定期的な訪問もあった。しかし、その約1年後、友也さんが20代になった頃、母親の状態が悪化し、立つこともできず、寝たきりになる（当時、要介護5）。

これにより、友也さんは寝たきりの母親と常時介護が必要な祖母のケアを担うようになった。このとき、母親もホームヘルパーと訪問看護、訪問リハビリのサービスを利用し始めた。

高校卒業後、2人のケアを担った友也さんだが、介護保険制度の介護サービスを利用することによって、ケア負担は多少減ったかもしれない。しかし、楽になったという話は友也さんからは出なかった。

結局、友也さんのぎりぎりの生活は続いた。介護サービスが来ている空き時間には、友也さんは苦しい家計を助けるためアルバイトに出ており、自由になる時間や休む時間は相変わらずなかった。

また、介護保険を使うことにより、ケアマネジャーとやりとりをし、介護サービスの利用を考え、管理するという役割も生じた。当然ながらこれらは友也さんの仕事として追加された。家事、日常的なケア、介護サービスの管理、家計の維持。友也さんはこれらのケアをひとりで担い続けた。

本来、20代という自分の人生を歩み始める時期であったが、友也さんは同年代の若者たちのように、そのタイミングに乗ることは到底できなかった。

一度タイミングを逸すると、社会のメインストリームに戻ることが難しいという特徴が、この日本社会にはある。ケア経験が長期にわたって友也さんの人生に影響を及ぼした理由のひとつには、ケア経験が重要なタイミングと重なっていたこともあげられよう。


その後、母親の不安はより強くなり、その不安を受けとめる役割も担った友也さんは40分程度しか家を空けられなくなった。アルバイトも続けられなくなり、辞めた。友也さんが外出するのは必要な買い物を急いでする程度であった。母親と祖母のケアを担い、自由な時間もなかなかとれなかった。

このような生活を続けるなかで、友也さんの体調に変化が生じた。まず、食べ物、固形物を飲み込むことができなくなった。友也さんは、理由はわからないが、おそらく精神的なものではないか、と話した。さらに、体重も減り、一番ひどいときは20キロ以上減ったという。友也さんが2人のケアを担うようになり、その約半年後、家庭での介護に限界があると自分たちも、ケアマネジャーも判断し、祖母は介護施設に入所することになった。

「これによって、ケアが楽になったのでは？」

私はそう尋ねた。

彼からの「はい。少し楽になりました」という返事を想定していたのだが、友也さんは答えにつまり、悩むような様子を見せた。

「それほどでも、ないです。楽になった……という感じは、ありませんでした」

これが友也さんの答えだった。

理由を尋ねると、祖母のケアはなくなったが、母親の状態が悪化の一途をたどったため、楽になることはなかったそうだ。

このような友也さんの状況をみて、ケアマネジャーやホームヘルパーはいつも心配してくれたという。友也さんも彼らを頼りにしていた。しかし、ホームヘルパーはいつも来てくれるわけではない。ケアマネジャーに相談してもできることとできないことがある。友也さんが相談しても「それはできない」と言われることも少なくなかった。

そんなとき、友也さんはやはり自分たちと「それ以外の人たち」なのだと感じたという。たとえ介護サービスを利用しても、孤独感が消えることはなかった。

自分だけが生きていて申し訳ない

祖母は施設に入所した数年後に亡くなった。母親のケアはそれから10年以上続いた。友也さんが30代後半になったとき、母親が亡くなった。友也さんのケア生活は、このとき終わったことになる。

ケア役割がなくなれば、再び自分の人生を謳歌《おうか》できるようになると思う人もいるかもしれない。しかし、これまでの生活、人生の多くを家族のケアにささげてきた者にとって、「ケアの終了」はそんな簡単な話ではない。

母親や祖母が亡くなったときの気持ちを、友也さんはこのように話している。

「自分だけが、生きていて、申し訳ない」

ヤングケアラーのなかには、家族のケアが何らかの理由で終わった後、「介護ロス」のようなものを感じる者が少なくない。ぽっかりと心に穴が開き、自分のアイデンティティや人生の意義、目標が見いだせない、何もない自分に気づいた、どう生きていけばよいかわからなくなった等の話をよく聞く。

物心ついたころから3人で力を合わせて生きてきて、10代の頃から母親と祖母を中心とした生活を送ってきた友也さんの心に最後に残ったものは、安堵《あんど》の気持ちでも解放感でもなかった。変わらぬ深い孤独と罪悪感に近いものだった。

孤独だった。さみしかった

私は友也さんのインタビューの最後にこう尋ねてみた。

「お母さんやおばあさんはどのような方でしたか？」

すると友也さんは少し微笑みながら答えた。

「やさしい、本当にやさしい人でした」

友也さんのこのやさしく穏やかな雰囲気は、なるほどこの3人家族の関係そのものなのだと納得した。きっとこの家族は、周りに助けもないなか互いを思いやり、それぞれのわずかな力を合わせて、肩を寄せ合うように一生懸命生きてきたのだろう。そこに深く温かい家族の愛があったことを感じる。

しかし、それでも友也さんは当時のケアを振り返ったとき、「孤独だった。さみしかった。本当につらかった」と話す。

家族への愛情と計り知れない孤独、苦悩が入り混じる。ケア経験は善し悪しで割り切れるものではない。ケア経験のなかで積み重ねた大切な尊い時間と、そこにある孤独、困難。私たちはヤングケアラーが抱える両方の側面を理解する必要がある。

友也さんは一度たりとも自ら進んで社会に背を向けたことはない。ただ懸命に生きた結果、社会から少しずつ引き剝《は》がされていった。

果たして、友也さんを社会につなぎとめてくれるサポートがその過程にあっただろうか。無論、皆無ではなかった。卒業できるよう高校につなぎとめてくれた先生、友也さんが担いきれないケアを代替した介護サービス、そのプランを検討し、友也さんを気遣ってくれたケアマネジャーがいた。

しかし、学校の先生はどうしても在籍時のサポートが中心になる。ケアマネジャーは祖母や母親のサポートに来ている。制度上、友也さんのためのサポートという位置づけではないため、祖母や母親が亡くなった後は、いなくなってしまう。

常に友也さんのサイドに立ち、社会の一員として暮らしていくことができるよう、日々の生活のやりくり、人生設計をともに考えてくれるような、継続的なサポートは存在しなかったと言える。

友也さんに、なぜ家族のケアを担い続けてきたのか尋ねたところ、「ほかに、選択肢が、なかったです。自分がやるしか、なかった」と答えた。

他の選択肢がないなかで、ただ目の前にいる家族を守ろうとしたら、社会から少しずつ引き剝がされていったのだ。もしかすると、不登校、ひきこもりと言われるケースの中には、同じような環境に置かれてきた者がいるのではないだろうか。

現在、友也さんは生活保護を受けながら、ひとりで暮らしている。固形物は今も飲み込むことができず、食事には制限がある。また人とのコミュニケーションに対する苦手意識や社会経験の乏しさ等のため、正規の就職や社会参加などが難しい状況にある。

しかし、この章の最初に述べたように、ご近所の方との関係を通して、人との交流も持ち始めている。さらに1年くらい前からは、ヤングケアラーのつどいにも参加し、自らの体験を語る機会も出てきた。最近では理解ある職場に出会い、非正規ではあるが、働き始めている。

緩やかに進行する排除

友也さんのケア経験をたどっていくと、どのような過程で、通学すること、勉強すること、良好な友人関係を築き、それを維持すること、健康を保つこと、社会に参加することが難しくなっていくかがよく理解できる。

特筆すべきは、その変化が突如、明確に現れるというよりもむしろ、緩やかに起こり、進行していく点である。友也さんは、日々、目の前のことに対応しているだけなのだが、それによって少しずつ社会から引き剝がされ、自らの健康も崩していった。

このような緩やかにケア役割が重くなっていく場合、ヤングケアラー本人も自分の行きつく先を想像しにくく、また学校の先生等周りの大人も状況を察知しにくいと考えられる。気付いたときにはすでに学校に来ていない、学力が追い付いていない、友人関係がうまくいっていない等の状況に陥っていると考えられる。

ケア役割の増加や社会からの排除は少しずつ、静かに進行する。「手伝い」レベルであっても軽視せず、見守っていく必要があると著者が主張するのは、友也さんのようなケースが少なくないからである。

祖母のケアをきょうだいとともに担った文乃さん

もうひとり、祖母のケアを担っていたヤングケアラーを紹介したい。中学生から高校生にかけて、ケアを担っていたケースであり、友也さんと比べるとケアの期間は短い。ともにケアを担う父、きょうだいもいて、学校へは通えていた。

そういう点では、友也さんに比べるとソフトなヤングケアラーと言えるかもしれない。それでも、周りからは見えにくい、文乃さんなりのケア経験があり、私たちがそこから学ぶべきことは多い。

まず、文乃さんの家族を紹介したい。父子家庭で父親、年上のきょうだいとともに暮らしてきた。父親は聴覚に障がいを有しているが、それは小さい頃からであり、補聴器の使用や口の動きを読むことで、相手の言っていることが理解でき、常にサポートが必要ということではなかった。大事なことだけは紙に書いて意思疎通を図っていたという。

ただ、父親はとにかく仕事が忙しく、いつも夜遅くに帰ってきた。経済的にも余裕があるわけではなく、父親が働くことで一家の生計が支えられていた。

文乃さん本人についていうと、「アスリートのよう」というのが私の感想だ。話をうかがったときは大学生で、「やると言ったらやる。家族のことを理由に甘えない」という強い意志を持っていた。その腹をくくった感じ、潔さは、爽快感《そうかい》すら覚えさせた。

担っているケアをきいたところ、「大したことはしていないのだけど？」という感じで話し始めた。主な役割は家事だが、朝食の用意、掃除、洗濯は親がしており、夕食の用意を年上のきょうだいと協力して行い、洗濯物の取り込みと片付けを各自がしているぐらい、とのことであった。

それだけでも子どもが毎日するとなれば決して楽なことではないだろう。ただ、よくよく話を聞いていくと、ケアの始まりはもっと以前からであることがわかってきた。

実は文乃さんは物心ついた頃から、父と年上のきょうだいに加え、祖母と暮らしていた。父は先に述べたように、仕事が非常に多忙で、そのため祖母が家事をしてくれていた。

しかし、文乃さんが中学生の頃、祖母は足腰が悪くなり、今まで通りの家事をすることが難しくなった。そこで、きょうだいで、祖母がしている家事を手伝うようになった。それがケアの始まりであった。

その後、祖母の状態はさらに悪化した。祖母は家事を行えなくなり、子どもたちと父親とで分担して家事をするようになった。文乃さんきょうだいにとっては、家事の量が増えるとともに、自分たちだけで家事を行わなければならない場面が出てきた。いわば責任が伴う家事を担うようになったと言えよう。

家事の役割とともに、祖母の身の回りの世話、介護も必要となり、文乃さんたちのケア役割は一気に増えた。具体的には、祖母は足腰が弱っていたため、特に移動の介助が必要であった。立ち上がるとき、家の中を歩くとき、トイレに行くときなどは見守りをし、手を添えて移動を助けた。

ただし、平日の昼間は、親は仕事で、きょうだいにも学校があり、祖母をひとり、家に残していくしかなかった。日中、祖母がどのように過ごしていたかはわからない。ただ、家族の留守中にひとり残された祖母は、身の回りのことがうまくできず、家の中を汚してしまうことも少なくなかった。そのようなとき、帰宅した家族は、まだ中学生だった文乃さんも含めて、イライラしてついきつい言葉を祖母にぶつけてしまったという。

当時、文乃さんが担っていたケアは、夕食の準備、洗濯物の取り込み、掃除（祖母が汚してしまった家の掃除も含む）、祖母の移動介助である。文乃さんだけでなく、きょうだいもいたとは言え、帰宅後、10代の子どもたちがこれだけのケアを毎日繰り返し行うことは、かなりの負担だったと考えられる。

父親も疲れて帰宅した後に、掃除や洗濯をして、自分の母親を介助し、朝には家族の朝食を作っていた。父親の心身の状態もぎりぎりだったことが想像される。子どもたちの力を借りなければ、到底、生活はまわらなかっただろう。

ただし、3人が力を合わせても、この生活は限界を超えていた。当時、すでに介護保険制度は導入されていたが、そのようなものがあることすら3人は知らず、サービスは利用していなかったという。

しかし、これをこの家族の落ち度とは言えない。それぞれが仕事や学校、家事、介護をこなす毎日を送っていた。使える制度やサービスを探す余裕などなく、そのような情報を得られる場も機会もなかった。そもそも存在を知らないのだから、探そうとすらしないことは当然と言えよう。

数年後、文乃さんが高校生のとき、祖母は寝たきりに近い状態になり、別の親戚《しんせき》が引きとった。その後、まもなくして、祖母は亡くなった。そのとき、将来は福祉の勉強をしようと心に決めたという。祖母にひどいことしかできなかった。そんな後悔の思いが文乃さんの中には今もある。

「息抜き」がわからない

このようなケア役割を担ってきたので、普段から家で集中して勉強する時間はあまりなく、自分の時間と言えば夜更かしして、1時間程度、趣味のことを楽しむぐらいだったと話した。また、友人と遊びに行くことはほとんどなく、部活動もしていたが、終わるとすぐに帰ってきて料理を作る、という生活だった。

ただ、家事をすることも、友達と遊びに行かないことも、すべて文乃さんにとって「当たり前」だったという。そのため、誰かに話そうとは思わなかったという。

「だってそうするのは当たり前、みたいな感じだから。逆に、私いま頑張って料理してるんだよ、みたいなことをどうして言わなくちゃいけないの？　みたいな」

ヤングケアラーの多くは、他の家族と比較することもなく、「当たり前」のこととしてケアを担っている。前の章で、ケアを担っていることを誰にも話していない子どもが半数になることを示したが、それが実に自然なことであることがよくわかる。

私は、これまでの生活を振り返って、本当はやりたくなかった、大変だったことはあるか尋ねてみた。答えは明確であった。

「うーん、ないですね。だって頼まれたらやるっていうのが当たり前だし、まずそれをやらないっていう手もないし、そうすることでしか家族が回っていかないことは確信してたから。きょうだいで何とかするっていうのが」

家族の状況をみて、腹をくくった、潔さを感じる、文乃さんらしい答えだった。

周囲にグチを言うことも、弱音を吐くこともなく、そもそも大変だと言うようなことではないと思っていた。家のこと、学校のことをすべてこなすことが当たり前で、実際にそれを日常に組み込んでやってきた。

「息抜きっていう息抜きはあんまりなかった。まず息抜きがわからなかった」

そう言って自分の生活のことを「同じことの繰り返しで、業務をこなしていく感覚」だと表現した。

学校では気絶するように寝てしまう

文乃さんはケア役割を担いながらも、遅刻や欠席、宿題をしていかないなどということは、「絶対に」なかった。家族のことを理由にして学校に行かないなどは「ありえない」と思っていたという。

そう話す姿は、やはりアスリートのようだ、と思いながら、私は授業中の様子について尋ねた。

「寝てましたね」

さらにこう続けた。

「なんかわからないんですけど、授業中、ほんとに気絶するように寝てたことが多かったです」

心身の疲労がたまっていることが理由と考えられるが、本人にはその自覚は全くなかったようである。ケアによる健康面への影響をヤングケアラー本人が自覚していないことは珍しくない。

ある知り合いのソーシャルワーカーは「『しんどいセンサー』が故障中なんです」と表現していた。「しんどい」状態が当たり前で、しんどいことに鈍感になってしまうという。そういえば文乃さんも、「どれほどきつくても、無理やりこなした。やりくりが大変という感覚はあったが、それでもその状態が普通だった」と語っていた。

このように文乃さんは授業を聞いていない、もとい聞けない状態であったため、中学校の時には授業の内容がわからなくなった。ただ、高校では、サポートしてくれる友人がいたこと、そして「勘」で勉強することで、何とか乗り越えてきたという。

遅刻や宿題を忘れるようなことはない、大変な「頑張り屋」のヤングケアラーは決して珍しくない。しかし、私が大阪府の高校教員を対象とした調査を行った際、先生方がヤングケアラーに気づいたきっかけは、遅刻、欠席を理由とした面談という回答が、複数みられた。

そうすると、頑張り屋のヤングケアラーは詳しい事情について話す機会が持てず、先生にも気づかれない可能性が高いのではないだろうか。しかも、学校には来るが授業を聞かない「ダメな生徒」という印象をもたれてしまっているかもしれない。

年上のきょうだい――もうひとりのヤングケアラー

私が文乃さんのインタビューをしていて気になった存在がいる。それは年上のきょうだいである。一緒に家事を担っていたが、特に重要な書類の管理、手続きはこのきょうだいの役割だった。

親は仕事で忙しいことに加え、電話や対面でのコミュニケーションが難しい。そのため各種契約、役所での手続きは全てきょうだいが主に担っていた。話によると、きょうだいはこのような責任ある役割を高校生ぐらいから引きうけていたという。

書類の管理もヤングケアラーが担うケアのひとつである。文乃さん一家の場合、介護サービスを利用していなかったが、利用していた場合、それにかかわる手続きも役割として入っていたであろう。

これは別のヤングケアラーであるが、祖母の入院時、身体拘束の同意を求められた者もいた。そのときの付き添いの家族はそのヤングケアラーしかいなかったためである。点滴をするときだけだと説明され、同意した。

しかし、その後、お見舞いに行くと、祖母はずっと身体拘束をされていた。自分が同意したせいだと自責の念に苛《さいな》まれたそのヤングケアラーは、自分が見舞いをしている最中だけ病院は拘束を解いてくれたため、学校が終わるとすぐに病院に行き、ずっと付き添っていたという。

また書類上の手続きだけでなく、医療や福祉の専門職が伝言をヤングケアラーに頼むことがある。ある元ヤングケアラーは、間違えることなく、必ず伝えなければならないという緊張感がきつかったと言っていた。

重要な書類の管理や手続き、専門職とのやりとりなどは、想像以上の責任を強いることにもなる。医療、福祉の関係者、市役所の職員等は頼れる存在としてヤングケアラーをみていないか、その役割を当たり前のように求めていることはないか、振り返ってみてほしい。無論、さまざまな難しい状況、事情のなかでのことだとは思うが、それによるヤングケアラーの負担にも想像を巡らせ、それを少しでも解消できないか、サポートできないか、考えてみてほしい。

さて、文乃さんの年上のきょうだいの話に戻りたい。きょうだいは、親の代役で地域の会合へも参加してきた。また親からの家の大事なことについての相談にものり、話し合ってきた。さらに、最近、社会人になったため、生活費や文乃さんの学費などの一部を支出し、家計支援を担っている。

すなわち、このきょうだいは生活の管理、経営、書類の管理、契約手続き、地域会合への参加、家事、家計の支援、年下のきょうだいの世話――を担ってきたヤングケアラーと言える。

文乃さんは、あるとき、年上のきょうだいに将来について尋ねた。きょうだいの答えは「もう諦《あきら》めた」であった。そして、自分はもう仕方ないが、文乃さんには家を出ることを勧めてきたという。

文乃さんは、大学卒業後はひとり暮らしをする予定である。今後、将来的には親の介護のことも出てくる。

「今ここでこの家を出なければ、きっと自分自身がダメになる」

そう思って心を決めたという。

次に紹介する美晴《みはる》さんも親元を離れることを選択するが、このような選択は本人たちにとっては決して簡単なことではない。若くして、自分の人生を諦めるか、家族のことを諦めるか、2択を迫られるという現実は、非常に厳しいものである。しかし、彼らの願いは自分も家族も、普通に、幸せに暮らすことである。それがなぜ、片方を諦めなければならないのか。私たち社会が真剣に考えるべき事柄である。

介護が終わっても罪悪感を背負う

文乃さんきょうだいによる祖母の介護は、親戚が祖母を引き取ったことにより終わったと先に記した。

私がインタビューで、介護が終わった理由を尋ねたときのことである。何となく雰囲気が変わったことを察知して、もう一人のインタビュアーが、「答えたくないことは答えなくていいですよ」と声をかけた。

しかし「いえ。この方がわかりやすいと思うので」と言ったかと思うと、こう答えた。

「家族全員による虐待です」

その目は力強く、まっすぐ私をみつめていた。毅然《きぜん》と言い放った態度とは裏腹に、その声はわずかに震えていた。

私たちは衝撃を受けた。決して「虐待」をしていたからではない。10代の頃から文乃さんの心には、祖母に十分なケアができなかったという後悔や罪悪感が残り、「自分は祖母を虐待した」という認識を、持ち続けてきているという事実に、である。

たしかに、十分なケアができなかった、きつい言葉を投げかけてしまったという状況は、高齢者虐待のなかでも、ネグレクトや心理的虐待に入るかもしれない。そのときの祖母の苦痛、悲しみ、無念はいかほどであったであろう。

しかし、これまで記してきたように、文乃さんも、文乃さんの親もきょうだいも、ぎりぎりまで頑張り、これ以上やりようがなかったこともまた事実である。ひとり親家庭で、親は仕事で多忙で、子どもたちは毎日学校があるなか、家事と祖母の介護を担った。

日々の生活だけで精一杯にもかかわらず、徐々に悪化する祖母の状態に対して、冷静に対処方法を考え、その存在すら知らなかった介護サービスに関する情報を入手することは到底ありえなかったであろう。介護サービスの利用には遠く及ばない、及ぶはずがない現実があった。

ヤングケアラーたちのしんどさは、ケアそのものだけではない。本来、子どもが背負う必要のない責任を背負い、抱かなくてもよい罪悪感を抱いてしまうところにもある。ケアが不十分であったり、家族の生活が崩れたことが、子どもたちの責任であるはずがない。

そして、ここに社会の責任がないはずがない。介護保険制度、居宅介護支援事業所、地域包括支援センター、社会福祉協議会、ケアマネジャー、民生委員など地域で暮らす高齢者とその家族を支援する制度、機関、専門職は、現在では複数存在する。学校にもＳＳＷ（スクールソーシャルワーカー）という福祉専門職が配置されているところもある。

私も普段大学の授業ではそう説明している。それでもなお、現実にはいかなるサポートにもたどりつかない家庭がある。ヤングケアラーたちの語りは、医療、福祉、教育に携わるすべての者に、制度の仕組みと支援のあり方をあらためて問いかけていると言えよう。

ヤングケアラーの多様な思いと「価値」

インタビューも終わりにさしかかり、文乃さんはこう言った。

「たぶん私たちきょうだいはヤングケアラーのひとりだって言われても、実感がわかない」

文乃さんですら自分をヤングケアラーではないと思うのなら、それはもう高校生たちに調査をしてもヤングケアラーを十分に把握できないのは当然である。そう私は思った。

さらにこう続けた。

「家族のことだからって、それを言いわけにするのは良くない。それで何か変わるのかと言ったら、何も変わらない。でも……

同じような人が周りにいたら『それはダメだよ。そういう考えじゃなくて、ほかにも逃げ道はあるよ』と言ってあげたい。それが正しいと思うんです」

文乃さんは、家族のケアをするのは当然のことだと考え、それを言い訳にせず、学校のことも、家のことも、何が何でも全てこなすようにしてきた。そもそも他に選択肢がなく、それが当然、仕方がないと自分で自分を納得させてきた面もあるだろう。家のことを言い訳にはしない。そこだけは絶対に譲らない、彼女の頑《かたく》なまでのポリシーがあった。

私が「まるでアスリートのようね」というと、文乃さんは、満面の笑みを浮かべた。それもまた彼女の誇りのひとつなのだろう。実際、その我慢強さ、どれほど大変でもすべきこと全てやりぬこうとする意志の強さには脱帽する。それは間違いなく彼女の「価値」であろう。

しかし、それでも、周りの人にはお勧めしないというのである。おそらく、この「お勧めしない」というところにもまた、彼女の本心があるように思える。自覚しないよう蓋《ふた》をして心の奥にしまいこんでいる、もうひとつの本心である。

ヤングケアラーの思いは多様かつ複雑であり、単純に表現できるものではない。ケア経験の中で得た価値があるからといって、それでいいとも言えない。そのことが文乃さんの語りからもわかる。

2．精神疾患の親のケア

母を介護した美晴さん

祖父母のケアを担うヤングケアラーとともに、精神疾患、精神障がいを有する母親のケアを担うヤングケアラーも多いことが複数の調査で示されている。私もそのようなヤングケアラーにはよく出会う。

3つめのケースとして、そのひとり、美晴さんを紹介したい。

美晴さんの母親は精神疾患を有していた。体調がすぐれない、感情的な不安定さなどがあったため、美晴さんは小学生の頃から家事、感情的サポートを担っていた。

美晴さんには、勉強に集中できない、忘れ物が多いなどの学校生活への影響、慢性的疲労や精神的不安定など、心身の健康への影響が生じてきた。

それだけの影響が生じていたということは、かなりの負担を抱えていたと思われるが、美晴さん自身は、自分がどういう状況に置かれ、何をしていたのかをしっかりと自覚したのは、社会人になってヤングケアラーという言葉を知ってからだったという。

状況がよくわからず、閉ざされた家庭の中で、ただ耐え、闘いつづけた美晴さんであるが、それを救ってくれたのは養護教諭の先生だった。学校が果たせる役割も教えてくれるケースである。

美晴さんは、母子家庭で、兄がいる。美晴さんのケアの始まりを尋ねたところ、「おそらく小学校3、4年頃だと思います」と答えた。明確な境界線はわからない様子だった。「気づいたらけっこう家がゴチャゴチャしてきたりとか。気づいたら、朝食は自分で用意してたり。その辺、ちょっと気づいたらなので。だからほんとにいつからか、それはわからなくて」

小さい子どもの目線からすると、きっとこのような感覚なのだろう。なぜだかよくわからないけれども、お母さんの様子が変わってきて、朝ごはんが出てこなくなったり、洗ったものがそのままになっていたり……そこで何となく自分でするようになった……。そんな話は精神疾患の母親のケアをしていた複数のヤングケアラーから聞いたことがある。やはりケアが自然と子どもの日常に溶け込んでいくことがわかる。

美晴さんの場合も、気づいたら朝食の用意、食器洗い、掃除、洗濯など家事を自分でするようになっていた。学校へ行く身支度も自分でしていたが、他の家では母親がやってくれているとは知らなかったという。

これは友也さんや文乃さんの話とも共通する。他の家族ができないので、自然のなりゆきでケアを始め、他の家庭と比べることもできないため、当然のこととしてそれを受け止め、ケア役割が増えていったとしても、深く考えることはなく、担い続けていく。

兄はどんな役割をしていたのだろうか。

「特に何もしなくて。私はやらないと、とても怒られる。だから自然に、私の役割にいろいろな家事とか、なっていたと思うのですけど、きょうだいはあまり求められない」

先に紹介した文乃さんのケースは年上のきょうだいが責任あるケアを任されていた。しかし、美晴さんのように、妹だけがケア役割を担うケースもみられる。私たちが行った調査では、ヤングケアラーの存在割合において性差はみられなかった。しかし、家事は女子の方が多く担っているという結果も出ている。もしかすると、ヤングケアラーにもジェンダーの問題が絡んでいるのかもしれない。その点は今後、実態調査を進めるなかで明らかにしていく必要があるだろう。

負担の大きいお弁当作り

中学校に入ると、お弁当が必要になる。美晴さんにとって、朝の「お弁当」が一番のストレスだったという。母親は病気のため朝起きることができず、美晴さんが母親を起こしてあげることが多かった。そこでお弁当を作ってほしいと言うと怒られた。朝から大げんかになることもあったという。

「お弁当」問題を抱えるヤングケアラーは他にも聞いたことがある。朝食の用意、食事の後片付けをしているとかなりの時間がたってしまい、お弁当作りにまでは手が回らなくなる。またそれを欠かさず毎日繰り返すことは容易ではなく、そのために学校に行けなくなったり、遅刻してしまうヤングケアラーもいる。

この「お弁当」問題は、美晴さんが高校生になってとりあえずの解決をみる。それは、自分も成長するなかで、母親に頼まず、自分でお弁当を作るようにしたということと、バイトを始めて自分で自由にできるお金ができ、お弁当を作れない日はお昼を買うことができるようになったことによる。

そのとき、美晴さんは毎朝の「お弁当」問題からようやく解放された。

愚痴を聞き続けたり、激しく叱責されたり

美晴さんが担ったケアのうち、長い時間を占めたのが感情的サポートである。これは精神疾患の母親のケアを担うヤングケアラーの特徴とも言えるだろう。

家にいるときは、基本、母親の愚痴を聞いていた。家のなかの会話は母親の話が中心で、自分のことを話すことはほとんどなかった。「疲れたな」と思いながらも、なぜかずっと母親の話を聞いていたという。

また、ひどく叱られることが多かった。今から思うと、理不尽な理由で、通常のレベルを超えた叱られ方だった。たとえば掃除等の家事が母親の思ったようにできていないときなどだ。

「そんなこともできないなら、家にいなくていいし、死んできて」

そう言われたときのことを美晴さんはこう語った。

「ベランダで、もうひとりで落ちたらいいのかなって。ボロボロボロボロ泣いて……」

そのときはそれが普通だったが、今から思うと理不尽な叱られ方を日常的にされていたという。

このように、愚痴を聞く、理不尽な感情をぶつけられるという状態は、「感情の受け皿になる」という感情的サポートのひとつであり、これもまたケアを担っているということにな

る。

ピンとこない方も多いかもしれないが、少し考えてみてほしい。福祉、介護の現場では、たとえば認知症や精神疾患を有する方の暴言、怒り、悲しみ、不安を受け止め、それに合わせて自分の感情もコントロールしながら接している。

これは「感情労働」と表現されることもあるが、福祉、介護の専門職はこれを日常的に行っている。そのことを踏まえると、親から浴びせられる理不尽な感情に耐え続けるということは、まぎれもないケアであることがわかる。

しかし、それを専門的な知識、スキルを身につけた専門職が、仕事として行うことと、子どもが日常的に家で担うのとでは全く意味も負担も異なる。仕事であれば休むこともできる。同僚に愚痴を言うこともできるだろう。

しかし、美晴さんは知識もスキルもなく、愚痴を言う相手もいなかった。感情的サポートから離れて、休むことも、当然ながらできなかった。

「『そこまで思わなくていいやん』と、今だったら思うのですけど」

当時の自分を振り返り、美晴さんはそう語る。しかし、渦中にいるときは、わけもわからず、ただただ翻弄《ほんろう》されるばかりであった。その緊張感、閉塞《へいそく》感、抑圧的な空気が幼い子どもにとって大変なものだったことは想像に難くない。

ほかの家庭との違いに気付くことの難しさ

ある日、仲の良い友人が、美晴さんが母親に叱られるところを偶然みかけ、その様子にひどく驚いたという。

「ほんとにドン引きされて。友達が『えーっ！』となって。『えっ？』と、私もなって。そこはよく覚えているのですけど、衝撃過ぎて」

このとき、美晴さんは、うちは「こんなにおかしかったんだ」ということに気付いたという。「このレベルでこれ（この反応）だったら、やばいな……」と。

子どもではなかなかほかの家の様子はわからない。自分の置かれている状況が、通常の範囲のことなのか、自分が悪いから叱られているだけなのか、客観的に判断することは難しい。

美晴さんは母親の病気のこともはっきりと教えられることは、高校になるまでなかったという。

「（病気について聞いたのは）たぶん中学生の最初か。ちゃんと言われたことはないのですよね。（中略）ある日、たぶんほんとに歩いている途中とかで言われて。ふーんという感じで。（中略）うつは、（教えられたのは）高校生になってからか、実はうつ病やった、みたいな」

薬を飲んでいた様子は知っているが、どこの病院に行っていたか、いつ行っていたかも知らなかったという。

子どもの目線でみると、母親の様子がなんとなく変で、その理由もわからなくて、なんだかいつもやることがいっぱいで、してもらえないこともいっぱいあって、それでいつも怒られて――あらゆることに靄《もや》がかかったような状態のまま、緊張の日々を過ごすことになる。

子どもが自分の力だけで、自分と家族のことを理解し、自分にかかっている負担に気付くことは難しい。それゆえ子どもが自らＳＯＳを発信することも、相談してくることも、ほぼ期待できない。周囲の気付きの大切さや子どもの気付きを促すサポートの必要性がわかる。

ちなみに、成長し、ケアから離れても、このときの何となくモヤモヤしたものを抱えたままでいる元ヤングケアラーたちは多い。くり返すが、社会人になってから「ヤングケアラー」という言葉と出会い、同じような環境にあった仲間たちの話を聞き、ようやくその頃のことを理解、整理できた、自分のしんどさの理由がわかり、また自分だけではないことがわかり、ほっとした等の声をよく聞く。

ケアが終われればそれで良い、というわけではない。ケアが終わった後、20代、30代になった元ヤングケアラーにもサポートが必要であることがわかる。

学校での人格の激しい変化

美晴さんの、学校での様子を聞いた私は、日常のケア負担がよく表れていると感じた。学校の先生方からすると少し不思議な「気になる生徒」だったのではないだろうか。

まず小学校のときは、小学生らしからぬ「ませガキ」で、どこか冷めた感じがあったという。

「小学校でやっていること全てが、くだらなく思えてきてて。（中略）運動会で踊るとかも、なんでみんなで踊らなきゃいけないの、とか。これになんの意味があるのか、みたいな」

もともとそういう性格だったかというと、そういうことでもないらしい。

「急になんとか係をやりたいとか、言い出したりして、やったこともあったのですけど。でも無気力になってしまうときもあったり」

小学校低学年のときは、自分の教室におらず、ふらふらと隣の教室に行ったりしていたこともあったという。小学校高学年になると、意味もなく、突然ピアスを開けたこともあった。

「だから先生から見たら、すごく意味がわからなかったと思うのですけど」

美晴さんはそう振り返る。

このような姿は、現在の美晴さんからは想像もできない。私が知っている彼女は、コミュニケーション能力が高く、理性的で、包容力もある。その彼女が、小学生の頃は「わけがわからない、無気力な生徒」だったとは、驚くばかりである。

それに対して美晴さんは、「おそらく気力が残っていなかった」からだと思うと説明した。確かに当時のケア状況を思うと、家では持てる全ての体力、精神力を使い果たしていたと考えられる。学校で、きちんとした生徒としてふるまうといった余力はもはやなくなっていたのであろう。

そのほか、さまざまな話が出てきた。たとえば、昔は好きだった明るい服を着なくなった。また言葉が出にくくなった時期があり、人とコミュニケーションをあまりとらなくなってしまったという。ただ、このような自分に対して、本当の自分はそうでない、という思いも強く、明るく元気な人でありたい、人から好かれたいという気持ちが根底にはあった。

そこで中学生になったときは、学校行事など、さまざまなことに積極的に参加するようになる。自分が必要とされ、頼りにされていることが実感でき、毎日が充実して楽しかったという。それが自分の自信にもなり、母親に抵抗することもできるようになってきた。

ただ、学校では喜怒哀楽が激しく、「悔しくては大泣きして、うれしくては大泣きして」いたという。しかし家では別人のようで、学校でエネルギーを使ってしまっているためか、家に帰ると崩れるように寝てしまった。また、中学校の途中で、一時期、人間関係がうまくいかなくなったときがあり、そのときは一気に崩れ、過呼吸や突然の高熱などさまざまな症状がみられたという。

高校では、中学生時代とはまた180度変わった人格、生活になった。頑張るのはやめ、無気力を装った。そのため遅刻をするようになる。常に遅刻を理由に呼び出され、友達を作るのも、もういいやという感じだったという。

このように、美晴さんは小学校から高校まで、別人のように人格が変化し、精神的にも乱高下を繰り返した。その背景にはさまざまな想いがあったと思われるが、家のことや自分の胸の内を誰かに話すことはなかったという。ただひとり、中学のときの養護教諭の先生を除いては。

この養護教諭の先生は、美晴さんが本当に苦しいとき、その空気を察して、他の生徒を保健室から出し、一対一で話せる環境を作ってくれた。

「何かあったの？」と聞かれ、生まれて初めて「うわーっ」と泣きながら話した。先生は美晴さんの話を聞いて、ただ抱きしめてくれたという。

美晴さんは、この経験を「衝撃的だった」と語る。自分が弱っているとき、優しくしてもらったのは、ほぼ初めての経験だった。この先生がいなければ、今の自分はいなかっただろうという。

勉強は嫌いではないがする時間がない

勉強はどうだったのだろう。

「全然、できなかった」

中学校のとき、勉強以外は素晴らしいのにと先生に言われたこともあると美晴さんは笑いながら言った。繰り返しになるが、とても理知的な人なので、それは意外な答えだった。

美晴さんは、勉強は嫌いではなかった。ただ、できなかった。さまざまな事情で塾には行けなかったが、中学校の授業はきちんと受けていて、ノートをとるのも好きだったという。ただ、家で勉強をすることができなかったのだ。小学校のときから、他の子が家で勉強するという意味がわからなかった。勉強をするということを自分の生活に組み込むことができなかったし、想像もできなかった。

家に帰った途端、階段に倒れこんでしまうくらいの睡魔が襲ってきた。ごはんを食べることはできても、その後は死ぬほど眠くなる。お風呂《ふろ》に入り、母親の相手をして、手伝いもして、そうしたら生活が終わる。家で勉強をするなどあり得ない生活だった。

十分に勉強することはできなかったが、美晴さんにはなりたい職業があった。そのため、テストの点数だけは取るようにしたという。その結果、大学に進学することができ、現在では、その職業についている。

大学も職場も、すべて実家から遠いところを選んだ。とにかく早く家を出て、自立したかった。そして自分自身の「価値」を見つけたかったという。

美晴さんには、自分は普通の環境で育っていないから、ダメ人間なのではないか、欠陥品なのではないか、という思いがどこかにあったという。しかし、一方で、そんな環境で育っても自分には価値がある、生きていてもいいと思ってもらいたいという思いがあったと語る。

このように自分に対する評価が低いヤングケアラーは多い。そして、本当はそうではないはず、と悔しい思いを抱えているヤングケアラーも少なくない。

ヤングケアラーがいかに自分の価値を取り戻していくか、ということは重要なポイントであり、そのための支援も必要であるが、美晴さんは家族から離れることで、自分の価値を見いだしていったと言えよう。

ただし、なかなか家から離れられないヤングケアラーたちもいる。美晴さんは振り切るようにして、家から離れた。人によっては、それを「家族を捨てた」と評するかもしれない。美晴さんにとっても、その選択は決して簡単なものではなかったであろう。当然ながら、残してきた母親を想う気持ちは、今も強い。

それでも自分の価値を信じる、または信じたいという強い思いが、彼女を突き動かしたと言える。しかし、全てのヤングケアラーが思い切った決断を下し、行動できるわけではない。

子どもが自立することは当然のことである。それによって家族を捨てたという罪悪感が生じるのであれば、残された家族が生活できなくなると言うのであれば、それはケアを要する家族を支える社会の仕組みの方に問題があるのではないだろうか。

ヤングケアラーが自分の人生を歩めるようにするのは、本人達の意思だけではない。それを可能とする環境、社会の仕組みが大前提として必要である。

3. 障がいを有するきょうだいのケア

発達障がいの兄と鏡子さん

4つめのケースとして、障がいを有するきょうだいのケアを担う鏡子《きょうこ》さんを紹介したい。

国による調査ではきょうだいのケアを担うヤングケアラーが最も多かった。その中には障がいを有するきょうだいのケアを担っている子どもたちが一定数いることが示されている。

私たちの調査や埼玉県の調査でも一定の規模でいることが示されており、ヤングケアラーを知ろうとするとき、忘れてはならない存在である。

もしかすると、鏡子さんはヤングケアラーの中でもソフトなケースに入るかもしれない。

しかし、それでもいろいろな思いがあること、やはり何らかのサポートが必要であることがわかる。

鏡子さんの家庭は母子家庭で、発達障がいを有する年上のきょうだいと3人で暮らしてきた。進学を機にひとり暮らしを始め、現在は、基本的にはケアから離れているという。

鏡子さんの母親は正規職で働いており、毎日忙しかったが、家事も手際よく、完璧《かんぺき》にこなす人だったという。そのため鏡子さんに家事の役割はなく、また兄のケアといっても見守り、付き添うことが主であった。本人曰《いわ》く、「あまり気に留めないくらい。ケアしてたのかな？　って」という程度だったとのことである。そのためか、鏡子さんは、普通に通学し、部活動もして、安定した学校生活を送ってきたという。

とはいえ、親は仕事で家にいないことが多いので、発達障がいを有する兄と、ふたりきりで過ごす時間が、圧倒的に長かったという。

鏡子さんの兄はというと、小さい頃は「多動」気味で、教室でじっと座っていられない、どこかにふらっと行ってしまう等があったという。

現在は多動の傾向は弱くなってきたが、今の状況をこう話す。

「話題とか振ったときに、違う話がポンって出てきたりとか。あと、よく『死ね』とか『殺す』とか、唐突に言われたりとか。（中略）ちょっと暴力的になったりとか」

家の中はこんな様子だ。

「物を壊したりとか、何かフラーッと、フラーッとどっか消えたりしますけど、でも、ほとんど家の中にいて、自分の好きなことにずーっと夢中になってたりとか」

ほかにも音に敏感で嫌いなタイプの音が聞こえると、イライラしてくるという。

そんな兄について、鏡子さんは、「そういう性格なのだろう」と思うくらいで、それが障がいの特徴によるものとは思わずにいたという。

「他の人のきょうだいは知らないですけど、お兄ちゃん、そういう性格なのかなっていうふうに思ってて、障がいがある（と知った）のは、つい最近っていう感じなんですよね」

学校で家族の資料が必要となり、兄が手帳を持っていることを知った。そのときは「お兄ちゃん、障がいなの？」と驚いて親に尋ねたという。それをきっかけに初めて兄のことを詳しく親から聞いた。

「じゃあそういうの、何て言うんでしょうね、手助けじゃないですけど、したらいいかなあとか。でも普通に接してればいいかっていうふうに、結論に至ったんですけど」

つまり、「障がい」と聞いたときは、何か「手助け」をした方がいいのだろうかとあれこれひとりで考えたそうだ。しかし、結局は、今まで通り「普通に接することが良い」という思いに至ったという。

私は、このように「障がいがある」ということを聞き、驚き、ひとりで考えた……という話を別のヤングケアラーからも聞いたことがあった。そのヤングケアラーはきょうだいに障がいがあることを知ってから、「障がいとは何か」をずっとひとりで考えてきたという。

「最初は『障がい者』とひとまとめでみてしまう。でも、本当はひとりひとり違う。そのひとりひとりをみることが大事だと思う」

それがたどりついた答えだった。それはまだ10代前半のヤングケアラーである。この子どもは、人間という存在の本質的な価値を知っている。私はそう感じた。

障がいを有するきょうだいのケアを担ってきたヤングケアラーたちからは、「大げさな」と言われるかもしれない。しかし、これは誰もが容易にたどりつく考え方では決してない。障がいを有するきょうだいと過ごす中で、獲得するものがいかに多く、それがいかに尊いものかを教えてくれる。

「見守り・声かけ」も高度なケア

さて、それではどのように、鏡子さんはきょうだいとともに過ごしてきたのだろうか。「普通に」接するとはどのようなことだろうか。詳細を聞くと、鏡子さんが担ってきたケアとその「匠《たくみ》の技」がわかる。

小さい頃は、先述したようにきょうだいには「多動」の傾向があり、それに合わせながら鏡子さんも一緒に遊んでいた。当人たちは、楽しくじゃれあっていたのだが、周囲の大人たちからすると、落ち着きがないように映ったようで、親族からひどく叱られたこともあったという。

大きくなってからは、きょうだいは他の人と対話がうまくかみ合わないことがよくあった。そのため、相手の意図を解しながら、きょうだいの意図も汲《く》み取り、その仲介をするのが鏡子さんの日常であった。

また、きょうだいには唐突な行動もみられたため、それを慌てて制止することもあった。これらは、いつ、どこで、起こるかわからないため、常にきょうだいに付き添い、その様子をみて、声をかけるようにしてきた。

このように鏡子さんが普通に接していると言ったことは、全てケアである。きょうだいに寄り添い、コミュニケーションを助けて通訳のような役割を果たし、言動がその場の状況から逸脱しないよう、見守り、声をかけている。

常に相手の様子をうかがうことは、長時間にわたり、緊張を伴うものでもある。またその意を汲み取り通訳をする、その時々で必要なサポートを察知することは、そう簡単なことではない。高度な洞察力と判断力が必要とされる。

私はこれまで社会福祉士養成に携わってきたが、実習の場でこのようなことを自然とできる学生はそうそういない。初めは皆戸惑い、意外と何もできない自分に意気消沈するものである。鏡子さんが自然にしているきょうだいと普通に接することとは、実は「匠の技」なのである。

鏡子さんにとって、上記のようにきょうだいと多くの時間を過ごし、ケアを担うことは苦痛でもなければ、特別なことでもなく、ごく普通の生活だった。ただし、ひとつだけ苦しかったことがあったという。それはきょうだいが投げかけるきつい言葉である。

鏡子さんのきょうだいは、機嫌が悪くなると、相手の人格を全否定するような言葉を投げつけることがあり、それに深く傷ついていたという。ちなみに、このようにきょうだいのイライラを受け止めているというのは、感情的サポートに入る。

「うーん、しんどいと言うか。私、けっこう、人からの言葉を真に受けちゃって。（中略）小学校、中学校もそうですけど、お兄ちゃんがよく言う『死ね』って言葉に、普通に真に受けて……」

本当に死んだ方が良いのではないかと、実際に行動を起こしたことも複数回あり、いかにそのダメージが大きかったかわかる。全て未遂で終わっているが、鏡子さん自身もまだ成長途中で、さまざまな悩みもあり、不安定な時期でもあったため、非常に苦しんだという。

中学生のとき、「そういう言葉を言うと、周りの人は傷つくからやめて」と、何度か注意したこともあったという。しかし、なかなか理解してもらえず、ある日、兄は学校でトラブルがあった様子で、ボロボロになって帰ってきたことがあったと話した。

鏡子さんは、このようなきょうだいの様子を小さい頃からみてきたわけである。常に付き添い、未然にトラブルを防ごうとするようになったことも頷《うなず》ける。家族からすると実に自然なことだ。

ヤングケアラーのしんどさ、親のしんどさ

学校生活についてはさほど大きな影響はなかった。通学も普通にして、部活動もした。ただ、門限が非常に早く、学校が終わったらすぐに帰るのが当たり前の生活であった。家に帰った後はずっときょうだいとともに過ごし、家で勉強をすることはほぼなかった。

しかし、授業についていけないということもなかった。ちょっとテスト前に見直せば、まあまあの点数がとれたという。これは鏡子さんを助けるひとつのプラス要因だったと言えよう。

親子関係について尋ねると、それは悪くなかったという。しかし、自分のことを話すより、母親の愚痴を聞くことが多かった。愚痴の内容は、仕事のことや、親族関係のことだった。

自分もきょうだいの言葉に傷ついていたり、学校のことで悩んでいた時期もあったが、そのことを話すこともなく、母親の愚痴を聞く側に回っていた。

鏡子さんは障がいを有するきょうだいのケアをしているだけでなく、母親の感情的サポートも担っていたと言えよう。親に甘えられなかったという話やむしろ家族を支える役割を果たしていた、ということは、他のヤングケアラーの話でもよく聞く。これもまたヤングケアラーが担うケアのひとつである。

おそらく、鏡子さんの母親もかなりの負担を抱えていたのだろう。鏡子さんの話には、働きながら、障がいを有する子どもを育てている母親への専門的なサポートは、一切、登場しない。働き、子育てをして、完璧に家事をこなす。それは鏡子さんの親にとっても厳しい状況だったと考えられる。

ヤングケアラーのしんどさは親のしんどさが背景にある。鏡子さんの場合も、先に紹介した文乃さんの場合も、まさしくそれが当てはまる。

社会に期待すること

鏡子さんの場合、学校生活や健康に、決定的な影響が生じるほどのケアを担ってきたわけではなかった。

しかし、同年代の子どもたちはしていないようなケア役割を担ってきたこと、それによって精神的に追い込まれたり、家で勉強できる環境がない等の制約があったことは事実である。

最後に、社会に期待することを聞いた。

「支援とかも必要なのでしょうけど、全面的に、人の理解がないと。……心の底から理解してくれる人が増えたらいい」

そう答えた。そしてこう続けた。

「まあ、普通に、話聞いて、『そうなんだ』っていう。同情じゃないんですけど、共感。同じじゃないけど、『そんなことあったんだ』って普通に話を聞いてくれるだけでも、嬉《うれ》しいは嬉しいです」

鏡子さんは思ったことを極力口にしないタイプで、大体のことは我慢すれば何とかなる、その方が物事はスムーズにいく、「理解してもらうのは難しい。自分の中に収めることが一番良い」という考えがいつからか染みついたという。話していい人とダメな人も、何となくわかるという。

「理解」はヤングケアラーが周囲に最も強く求めているものだと言える。これはケア役割の負荷の大きさに関係ない。

理解を進めることはヤングケアラー支援の基礎中の基礎である。特にヤングケアラーには、多面的な理解が必要である。

ケアの大変さ、そこで抱く思いとともに、彼らの頑張り、ケア経験で獲得したものへの理解、子どもだけでなく親の大変さ、思いへの理解も必要となる。それを専門職、教員だけでなく、一般の人々、子どもたちにまで広めていく必要がある。

何の恐れも不安もなく、家族のケアをしていることを語れる社会にすることが求められている。私たちはそれをどこまで進められるだろうか。その力量が問われている。

第四章

ヤングケアラーの語りを通してわかること

＊＊＊

第三章で、4人のヤングケアラーを紹介してきた。どのようにしてケアを担い、それがどのようにして学校生活、友人関係、健康等に影響を及ぼしてくるか具体的にイメージできたのではないだろうか。

ただし、ここで紹介したことは、彼らをヤングケアラーという視点のみで切り取った一側面でしかない。描き切れていないものも多々あること、人間としての4人をみたならば、もっと多様な姿を有しているということをお伝えしておきたい。

さて、それを踏まえた上で、本章では多様なヤングケアラーのなかにも認められる共通点、特徴について、高校生調査の結果にも触れながら、簡単に整理したい。

1. ヤングケアラーの担う多様なケア

本人も周囲もケアだと気づきにくい

ヤングケアラーたちが担うケアをみると、実態調査の上位に挙げられていたケアがいくつも登場していることがわかる。

全ての実態調査において、ヤングケアラーが担うケアとして多く挙げられていた「家事」は、やはりここで紹介した複数のヤングケアラー、友也さん、文乃さん、美晴さんも担っていた。

いずれの場合も、必要に駆られて、手伝いの感覚で家事を始めていた。ケアを担っているという意識はみられなかった。家事は子どもの手伝いの定番であり、それだけにヤングケアラーも家事を担いやすく、それがケアだと本人も周囲も気づきにくいと言えよう。

また、感情的サポートも実態調査で常に上位に入るケアのひとつである。第三章では、友也さん、美晴さん、鏡子さんのケア経験で、家族の愚痴、不安を聞く、理不尽な怒りや暴言を受け止め、感情の受け皿になる等の感情的サポートを担ってきた様子が語られていた。

その他にも、本書の冒頭でも紹介したように、母親が死なないよう支え続けたヤングケアラーや、認知症の祖父が、夜中、不穏になるのをなだめたというヤングケアラー等、さまざまなケースがある。

このような感情的サポートは、家事と同様、本人も周囲もケアとは気づきにくい。しかし、実は大変な気力、体力、時間を要するケアであることに、留意する必要がある。

見守り、声かけにも着目したい。このケアも今回紹介した多くのヤングケアラーの語りで出てきた。これもさほど負担の大きいケアには見えないかもしれないが、相手の様子を注視し、表情や雰囲気から思いを読み取る必要があり、注意力、洞察力を要し、長時間にわたるケアと言える。

「見守り」や「声かけ」というケアは、軽視され過ぎている感がある。実際、「『見守り、声かけ』という言葉では軽く聞こえてしまう。もっと別の呼び名がほしい」という元ヤングケアラーの意見もある。

最後に身体介助を取り上げたい。実態調査では上位に入るほどではなく、紹介したヤングケアラーでも全面的な身体介助を担っていたのは友也さんのみであった。

ただし、部分的な介助は調査でも比較的多くのヤングケアラーによって挙げられており、紹介したヤングケアラーでは文乃さんが部分的に身体介助を担っていた。

部分的な身体介助は、ケアを要する家族に合わせて生活をしなければならないことを意味している。たとえば高齢の家族がトイレに行きたいとき、起き上がりたいとき、食事をするため食堂に行くとき、外出するとき、それに合わせて介助しなければならない。意外と生活が縛られ、文乃さんはケアを十分にできなかったという苦い経験がある。

また、このような部分的な身体介助はケアを要する家族の状態悪化に伴い、全面的な身体介助に変わっていく可能性もある。友也さんも、最初は部分的な身体介助から始まり、最終的には全面的に身体介助を担うようになった。このような変化が生じる可能性も視野にいれておく必要がある。

次に、これまでの実態調査で示されていたケアの頻度と時間について述べたい。これもヤングケアラーたちの語りによって、リアルなものとして理解できたのではないかと思う。

まず、ほぼ毎日のようにケアを担っている者が多いことが調査では示されていたが、ヤングケアラーたちの日常をみると、そうなることが決して驚くような結果ではないことがわかる。家事、見守りや声かけとなると、毎日行うのは当然のことと言える。

ケアの時間については、実態調査では1時間未満のケアを担う者が最も多かったが、1日に4時間、8時間といった長時間に及ぶケアを担う者もいた。これも、数字だけをみると信じがたいと思うかもしれないが、感情的サポート、見守りや声かけは長時間にわたること、まだスキルが備わっていない状態で行う家事は、時間がかかってしまうことはこれまで説明してきた通りである。

ただし、ここで疑問が生じる点は、果たして高校生たちはどのくらい厳密に自分の担っているケア時間を認識しているだろうか、ということである。たとえば、声かけというケアは、ケアを要する家族を気にかけ、注視している時間が長くても、声をかけている実時間はわずかなときもある。

そのような場合、ケアの時間を1時間未満と回答した者も多いのではないかと思う。時間としては表れにくいケアがあることは、実態把握を進める上で、注意しておく必要がある。

学校、健康、生活への影響

今回、紹介したヤングケアラーたちの語りからはさまざまなケアによる影響が読み取れたと思われる。第1に、学校生活への影響がある。家で落ち着いて勉強する環境になかったことは全てのケースの語りに登場した。ケア役割が増え続け、長期化した友也さんは学校に通えなくなった。文乃さんは授業中、起きていられず、寝てしまった。

ケアを担うことが悪いことではないと言っても、子どもが学ぶ権利が保障されない状態になることがある。それは当然ながら進学を難しくし、人生選択の幅を狭めることにもなりうる。

第2に、健康にまで影響が生じたことも、複数のケースで語られている。友也さんは摂食障がいがみられ、美晴さんや鏡子さんは情緒不安定になったことを語っていた。また、アスリートのような根性をみせた文乃さんも、慢性的な疲労状態であったことが語りのなかから読み取れた。

私が出会ったヤングケアラーからは、その他にもいろいろな症状を聞く。パニック障がい、記憶が飛ぶといった解離がみられるケース、頭痛、めまいがする等の身体的な症状を訴えるケース等もある。

筆者らの実態調査では、健康ではないと回答した者がヤングケアラーに多い傾向がみられた。無論、すべてのヤングケアラーにこのような症状がみられるわけではない。しかし、ここまで追い込まれてしまう子どもたちがいることは重要な事実である。

そして、健康面への影響は、ケアをしている最中のみならず、その後も続くことが少なくないことも留意すべき点である。友也さんの摂食障がいは現在も続いている。死にたいという思いを持ち続けている元ヤングケアラーもいる。それが社会参加を難しくすることもある。

また「介護ロス」ということもよく聞く。友也さんもそのようなことを言っていた。それまでケア中心の生活を送り、自分のことよりもケアを優先してきたが、自分のケア役割が終わったときに、大変な心理的なショックを受けたり、体調を崩したりすることがある。たとえば、精神疾患を有する母親の状態が改善し、ケア役割が軽減された途端に体調を崩し、学校に通えなくなったヤングケアラーもいる。また、自分の生活を犠牲にして、祖母のケアをしてきたヤングケアラーは、祖母が亡くなったことで虚無感に駆られ、何もできなくなってしまったという。

友人関係への影響についても触れたい。友達と遊べなかった、友人関係が希薄化した、同年代の子どもとうまくいかない等は、ヤングケアラーの話には本当によく出てくる。そこから「いじめ」につながったケースも複数ある。

また、異性関係が、本人曰《いわ》く「めちゃくちゃ」だったり、異性に過度に依存してしまうというケースもいた。さまざまな場面での人間関係に、不安定さを抱えるケースがあることがわかる。

過度なケア役割は、このようなマイナスの影響を生じさせることがある。しかも、それがまだ成長途中であり、人としての基礎を形成するべき、子ども、若者の時期に、生じることの意味は大きい。ケアを担っている期間のみならず、進学、就職、自分自身の家族形成等、生涯にわたって影響が続くことは少なくない。

このような看過できないマイナスの影響が生じることを踏まえると、やはり「手伝いだから良いことである」という固定観念を捨て、子どもの人権にかかわる事柄であるという認識を持つ必要がある。

誰にも話していない

ヤングケアラーたちはケアの負担と、そこから派生するさまざまな困難を抱えることがある。しかし、彼らはそのことをなかなか人に話さない。筆者らの調査でも半数がケアを担っていることを誰にも話したことがないと回答していたが、ここで紹介したヤングケアラーたちも、友人、学校の先生にはほとんど話さず、話す相手はかなり厳選していた。

この背景には、家族のこと、家族のケアのことを家族以外に話してはいけないという空気感がある。実際に口止めされるケースもあるが、ほかの家族が話していない様子をみて、話してはいけないと察したというヤングケアラーもいる。

そして実際に、話しても理解してもらえなかったという経験が阻害要因になる。遅刻の理由を聞かれて、家族のことを話したら、「言い訳するな」と逆に怒られた、友人に話しても、「どうして孫が介護なんてしてるの？」「大変なのはみんな同じ」等、思ったような答えが返ってこなかった、だんだん嫌な顔をされるようになったといった話も聞く。

慎重なヤングケアラーが多いのはこのような経験があるからだろう。周囲の理解の無さが、ヤングケアラーたちに話すことをためらわせていると言える。絶対に「安心」という確信がもてなければ、話すことはできなくなる。

筆者がヤングケアラーにインタビューをし、終了した後、こんなふうに言われることが少なくない。

「こんなに自分のことを振り返って話したことは初めてだし、こんなに聞いてくれた人も初めてです。ありがとうございました」

お礼を言いたいのはこちらなのだが、この言葉から、彼らにいかに安心して話す機会がなかったか、自分の中にあるモヤモヤしたものを振り返り、整理する機会がなかったかがよくわかる。

手伝いとはこれほどまでに違う

そもそも普通の手伝いと何が違うのか、という質問をいただくことが多い。しかし、これまで紹介したヤングケアラーたちの様子をみると、やはり手伝いという言葉では軽すぎる感じがするのではないだろうか。

まだエビデンスがあるわけではないのだが、ヤングケアラーの場合、手伝いとの違いとして、次の3つが考えられる。

①ケアを要する家族がいるという条件下で担っているという「状況の違い」
②担っていることの「内容、量（頻度や時間）の違い」
③ケアに対する「責任の度合いの違い」

最初に、②担っていることの「内容、量（頻度や時間）の違い」について述べると、ヤングケアラーたちの語りから、何時間も愚痴を聞く、暴言を受け取り続けるなどの感情的サポート、移動や排泄《はいせつ》、入浴にかかわる身体的な介助など、多くの同年代の子どもたちが必ずしているとは言えないような内容のケアをしていることは明らかである。

また、家事や声かけのような、子どもたちがしていても珍しくないと考えられるようなものであっても、それをほぼ毎日している、長時間にわたってしているという状況は、やはり通常の手伝いの範囲を超えていると言えよう。

質問紙調査では表れにくい、③ケアに対する「責任の度合いの違い」もヤングケアラーたちの語りから読み取ることができる。

友也さんが担っていたケアは家族の生命、生活に直結するものであり、友也さん自身、自分以外にできる人はおらず、その他の選択肢はなかったことを語っている。また、文乃さんの担っていたケアは、他の家族と協力して行っていたため、ひとりで全ての責任を背負っていたわけではないが、自分がケアを担わなければ家族の生活が崩壊することを確信していた。

鏡子さんにとって、きょうだいと過ごすことは当たり前のこととなっていたが、自分のサポートがきょうだいには必要であること、それがなければさまざまなトラブルが生じるかもしれないことを認識していた。きょうだいを一人にはできないと思っており、それは無意識のうちに責任を伴っていたと言えよう。

一般的に行われる手伝いにも多少の責任を伴うものはあるだろうが、ヤングケアラーの場合、責任が確実にかかり、その度合いが大きく、強いと考えられる。

ただし、自分が責任を負っていることをあまり意識していないこともある。たとえばこのようなことがあった。

大学の授業の一環で、学生が元ヤングケアラーにインタビューしたことがある。学生はヤングケアラーの「責任」に着目し、それをインタビューの質問に入れ込んだ。祖父のケアをしていた元ヤングケアラーに対して、ケアに対して責任を負っていたか否かを尋ねたところ、その答えは「責任は主たる介護者である母親にあって、自分にはなかった」というものであった。

思ったような答えが返ってこず、がっかりする学生をみかねて、私は質問を変えてみた。

「あなたがそのケアを担わなかった場合、あなたの家族の生活は回ったと、成り立ったと思いますか？」

するとその元ヤングケアラーは答えた。

「それは無理だったと思います。自分でなければ担えないケアだったし、それがなければ家族の生活は成り立たなかったと思います」

それを聞き、インタビューをしていた学生たちは少し元気になり、その後、この発言から

「責任」があったと判断できるか否か、熱心に議論を交わしていた。

　私の見解を述べると、自分でなければできないケアがあり、それが家族の生活に必要不可欠なものであれば、責任を負っていたと言えるであろう。主たる責任者ではなかったかもしれないし、全ての責任を担っていたわけではない。しかし、責任の一端を担っていたならば、ヤングケアラーの担うケアには責任が生じていたことになる。

　さて、このようなケアに対する責任の全部もしくは一部を負っていたからこそ、ヤングケアラーたちは自分の私生活よりも、勉強よりも、健康よりも、ケア役割を優先する傾向がみられる。

　普通の手伝いにはそこまでの責任は課されない。自分の健康よりも手伝いが優先されることは通常はない。テスト前には手伝いは免除されて、勉強を優先することもできるだろう。必ずしもなければならず、他に選択肢はないということが、ヤングケアラーが担うケアである。

ケアを要する家族がいるなら

　これら、②担っていることとの「内容、量（頻度や時間）の違い」と、③ケアに対する「責任の度合いの違い」を生み出しているものが、①ケアを要する家族がいるという条件下で担っているという「状況の違い」だと言えよう。

ケアを要する家族がいる場合、同じ家事や声かけという行為であっても、その量は増え、責任が生じる。ケアを要する家族がいることによって、身体介助や感情的サポートといった新しいケア役割が生じてくる。大人の家族介護者に関する研究でも、家族介護者の生活時間は、家事の時間、介護の時間が増えることが指摘されている。それと同じことが子どもにも起こっていると考えられる。

そして、誰かのためにケアをするということは、その人の生命・健康、生活への「責任」が伴うものである。育児でも介護でも看護でも同様である。自分ではない他者の命、生活、人生に対する責任（の一端）を負うのがケアという行為である。それはケアを担う者が大人であっても、子どもであっても同じことである。

そうすると、そもそも手伝いとケアの境界線を探すことに意味があるのだろうか、という疑問が生じる。「ケアを要する家族がいる」という状況で家事や感情的サポート等のケアを担うということは、自動的に内容、頻度、責任の度合いが異なるとも考えられる。

ケアを要する家族がいる場合、今は普通の「手伝い」レベルであっても、もしくは特にケアを担っていなくても、何らかの負荷が子どもたちにかかっている可能性、生活や健康にまで影響を及ぼすようになる可能性があることを、視野に入れておく必要があるのではないか。

2. ヤングケアラーの価値と2つの理不尽さ

身に付けている素晴らしい価値

本書では、まだ社会にあまり知られていないヤングケアラーが置かれている厳しい状況を理解してもらうために、まずは彼らのケア経験とそれによって生じるマイナスの影響に焦点を絞った。そのため、ケア経験から得た価値についてはあまり紹介することができなかった。しかし、ところどころで述べたように、彼らはそのケア経験のなかで、素晴らしい価値を身に付けている。障がいや病気に関する知識や家事のスキル、介護のスキルは、当然ながら同年代の者には負けないであろう。

ここで紹介したヤングケアラーたちをみると、つらい状況でもやりぬく強さを持つ者や、他者の気持ちを汲《く》み取ることに長《た》けている者、心の底から優しい者、他の人の期待に応《こた》えようと精一杯努力する者もいる。その他にもヤングケアラーひとりひとりをみると、さまざまな価値を見いだせるであろう。

一方で、自己評価が低い、自分に自信がないヤングケアラーたちは少なくない。同年代と同じような経験を積み重ねてきていないことがその要因のひとつである。さらに、学歴や職歴に中断や空欄ができ、それが社会に出て行くとき不利に働いてしまう。

就職の面接でうまく説明できない、理解してもらえないという経験を持つ者も多い。このような周りの無理解が彼らの自己評価をさらに下げている。

同世代の多くの子ども・若者たちが経験していないようなケア経験をいかに評価するか、その価値を私たちが理解しているかは重要な点である。自身の中にあるその素晴らしい何かに気付くこと、それをうまくいかして、自分の人生を歩んでいくことは、ひとりでできることではない。このような面においても周りの理解、サポートが必要と言えよう。

社会に押し付けられる2つの理不尽さ

ヤングケアラーたちは2つの理不尽さに直面している。ひとつは家族のケアを担う以外の道がないという理不尽さであり、もうひとつはどれほど頑張ってもそのケア経験が評価されないという理不尽さである。

何度も繰り返すが、家族のケアをすること自体は悪いことではない。しかし、それが過度な負担になると紛れもなく子どもの人権にかかわる問題になる。またそれほど大きな負担になっていない場合でも、彼らをサポートすることが必要である。

しかし、現在のヤングケアラーたちは何の理解もサポートも得られないなかで、たとえケアの負荷が大きくなったとしても、ケア役割から離れたいと思ったとしても、ケアを担う以外の選択肢がない状況に置かれている。自分の生活や健康を犠牲にしてもケアを担う以外に道はない。そしてケアを担うことによって生じた不利は、その子どもが背負い続けなければならない。

この理不尽さを押し付けているのは親ではない。これまで紹介してきたヤングケアラーの家庭を振り返ってみても、親も仕事とケアの両立でぎりぎりの状態である。または親自身が障がいや病気を有し、ケアを要する状態である。いずれも親が苦しい状況に置かれており、子どもがそれを助けるという構造になっている。

家族介護に一定の役割を期待し、それにもかかわらず家族介護者への十分なサポートがない現行の社会保障・社会福祉制度のもとでは、子どもがケアを担う以外に道はない。これは社会によって押し付けられた理不尽さである。

このような社会的支援が十分にないなかでも、ヤングケアラーたちは、一生懸命、学校に通いながら、ケアを担っている。しかし、彼らのその頑張りやそこで身に付けたものは理解も評価もされないことが多い。彼らのケア経験はあたかも「ゼロ」であるかのように扱われる。

これがふたつめの理不尽さである。このゼロ評価（場合によってはマイナス評価）によって、学校・大学で孤立する、学び続けることを諦《あきら》めざるを得ない、就職活動がうまくいかないということが生じる。

これはヤングケアラーたちの社会的地位が認められない、社会の一員として生きることが妨げられているという理不尽さであるとも言える。そしてこれも当然、社会の無理解によって押し付けられた理不尽さである。

第五章

ヤングケアラーが生まれる社会的背景

＊　＊　＊

ケアを要する家族がいると、全ての子どもがケアを担うようになるというわけではない。ある一定の条件下において、その可能性が高くなっていることがいくつかの調査で指摘されている。たとえば、ひとり親の世帯に多くみられることが、私たちの調査や日本ケアラー連盟の2015年、2017年の調査報告書でも示され、また著者らの調査では、先述したように、経済的に「余裕がない方だと思う」と回答した場合に多くみられた。

もちろん、それに該当しない家庭においてもヤングケアラーたちはいるが、一定の条件下で特に多くみられるということは、何らかの社会的な要因によって、子どもたちがケアを担うようになっていると考えることができる。個人の意思、家族の文化、昔からの慣習という言葉だけでは片付けることのできない、「何か」が私たちの社会にあり、それによって子どもがケアを担うことになっている可能性がある。

もっと言えば、ある社会的条件（人口構造、家族形態の動向、雇用・労働の状況、社会保障・社会福祉制度の仕組み等）がヤングケアラーの背景にはあり、現代社会は、過度なケアを担う者を一定数含む、ヤングケアラーたちを生み出す構造を有していると考えられる。ここにもヤングケアラーたちを「昔からよくあること」と放置できない理由がある。

ヤングケアラーという存在が投げかける問題の本質をとらえるためにも、今後、私たちの社会がどのような取り組みを行うべきか、その方向性を見いだすためにも、本章では、ヤングケアラーという存在の社会的背景に着目してみたい。

1．少子高齢化を俯瞰する

激増する「ケアを要する人」

そのヒントとなるのが、ヤングケアラーたちがケアをしている相手である。

高校生調査において、ケアの相手として上位にあげられている「高齢者」の状況をみると、少子高齢化の進行は誰もが知るところであろう。出生率が低位で維持されるなか、65歳以上人口は増え続け、「令和3年版高齢社会白書」（内閣府）によると2042年の3935万人をピークに減少に転じると推測されているものの、今後数十年はこの増加傾向が維持される。高齢化率でみても、2005年には20%を超え、2020年は28・8%に達している。これが2025年には30%に到達し、その後も増加し続けるという推計が示されている（図5－1）。

ただし、高齢者であれば皆がケアを要するというわけではなく、元気な高齢者も大勢いる。

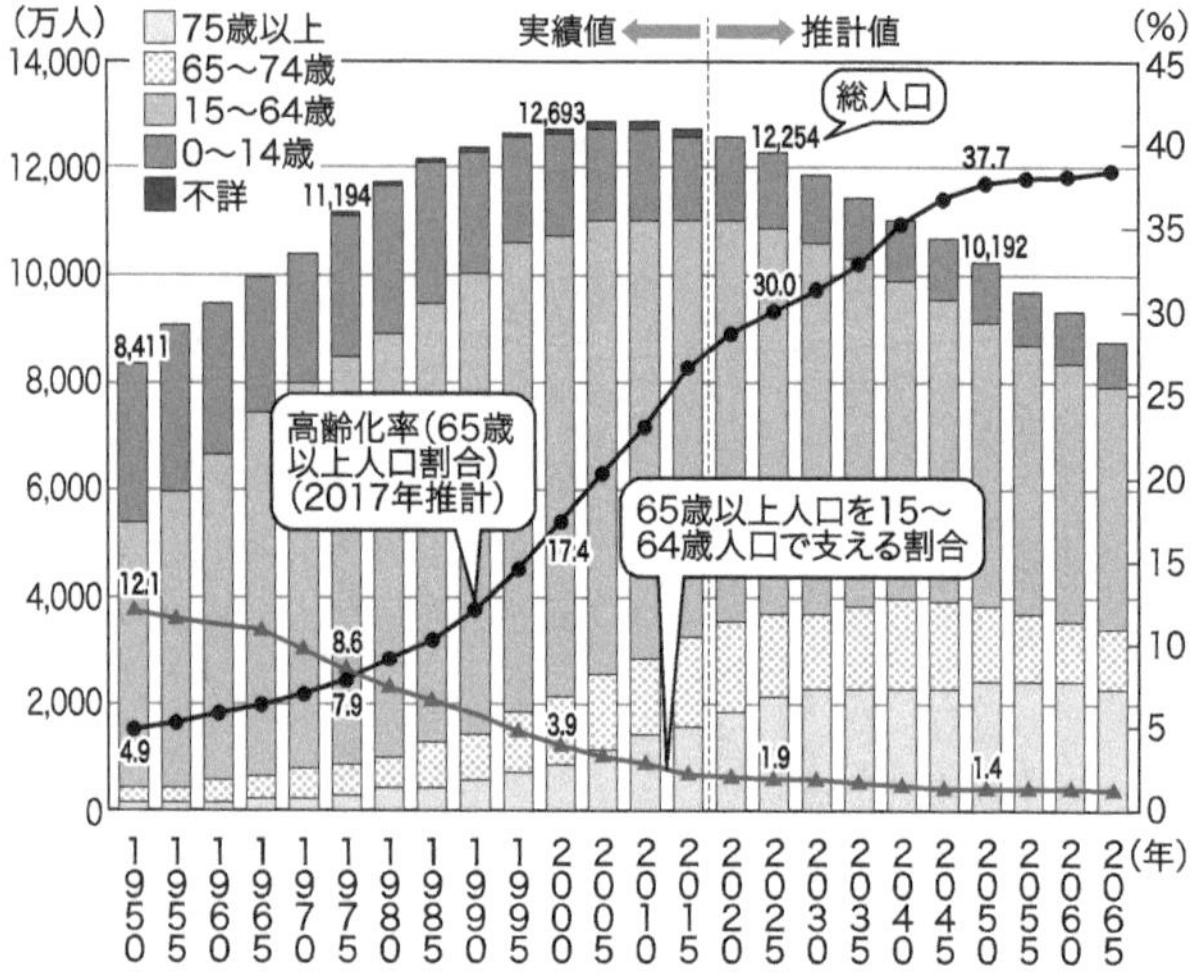

図5-1　高齢化の推移（出典　内閣府「令和3年版高齢社会白書」p4）

そこで、ひとつの目安として介護保険制度において要支援、要介護の認定を受けている人の数をみてみたい。同じく「令和３年版高齢社会白書」（内閣府）によると、要介護、要支援の認定を受けている65歳以上の者は増加の一途をたどっており、２０１８年は６４５・３万人にのぼり、２００９年度末から１７５・６万人増加している。特に75歳以上のいわゆる後期高齢者では要介護と認定された者は23・０％にもなることが示されている（65歳〜74歳の前期高齢者では２・９％にとどまっている）。

　先に示した高齢化の推移に関するグラフを見ると、現在は前期高齢者と後期高齢者は約半々になっているが、今後、後期高齢者の割合の方が高くなり、1・5〜2倍近くになるという推計が示されている。すなわち、高齢者人口の伸びに加え、後期高齢者の占める割合が高くなることから、ケアを要する高齢者がさらに増加することが考えられる。

障がいを有する人や精神疾患の人も増加

次に着目したいのは障がいを有する人の規模である。障がいを有する家族はヤングケアラーのケアの相手としてやはり上位に挙げられている。内閣府の「令和3年版障害者白書」をみると、知的障がい、身体障がいを有する人の数はともに増加していることが示されている（図5－2、5－3）。

精神疾患を有する人の数（外来患者）もまた増加し、近年では特に急増していることが示されている（図5－4）。このような数値の伸びが、障がいを有する人が増えていることを単純に示しているとは言い難く、さまざまな解釈があろう。今まで潜在化していた障がいや疾患を有する人々の姿が、人々の意識の変化や調査方法の工夫等により、少しずつみえるようになってきている可能性や、地域生活を送ることが推奨されるなか、障がいや疾病を有する人々が地域で医療や福祉サービス等を利用しながら暮らすようになり、データとして把握しやすくなってきたという面もあるかもしれない。

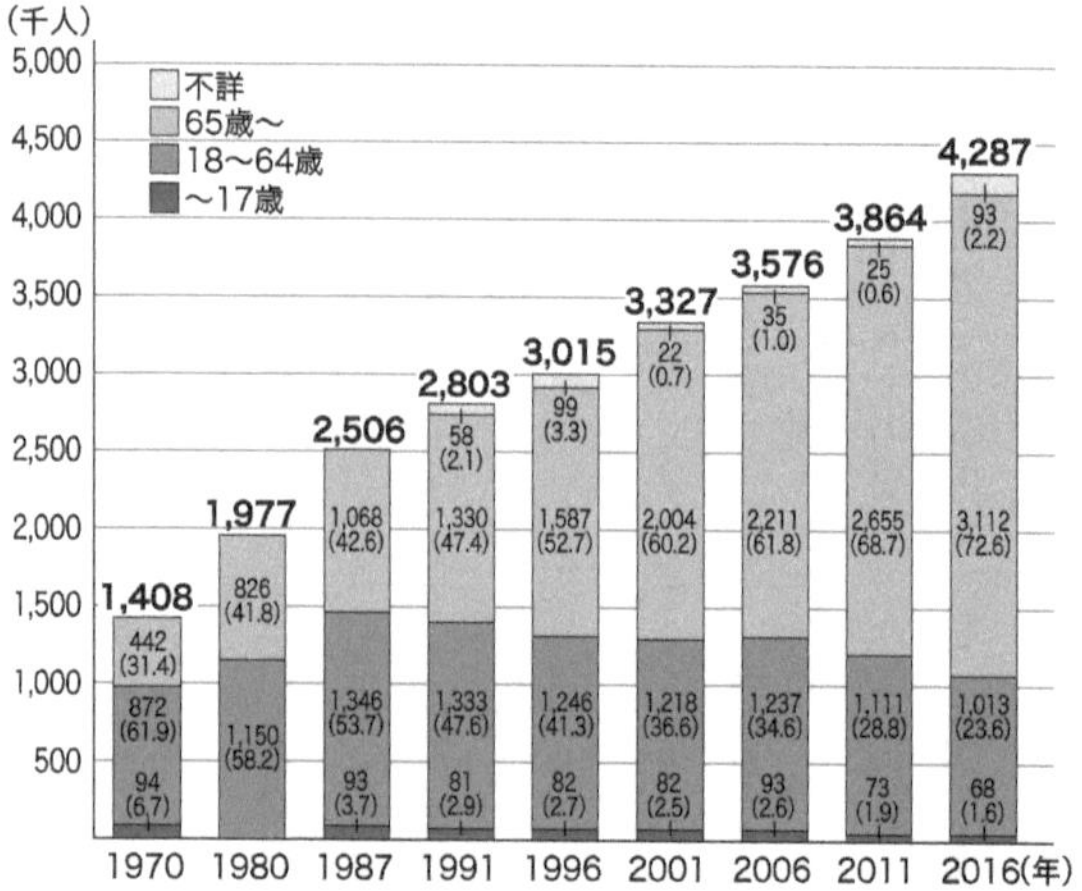

図5-2　身体障害児・者数の推移（1980年は障害児の調査を行っていない。カッコ内数値は%）（出典　内閣府「令和元年版障害者白書」（参考資料）p249）

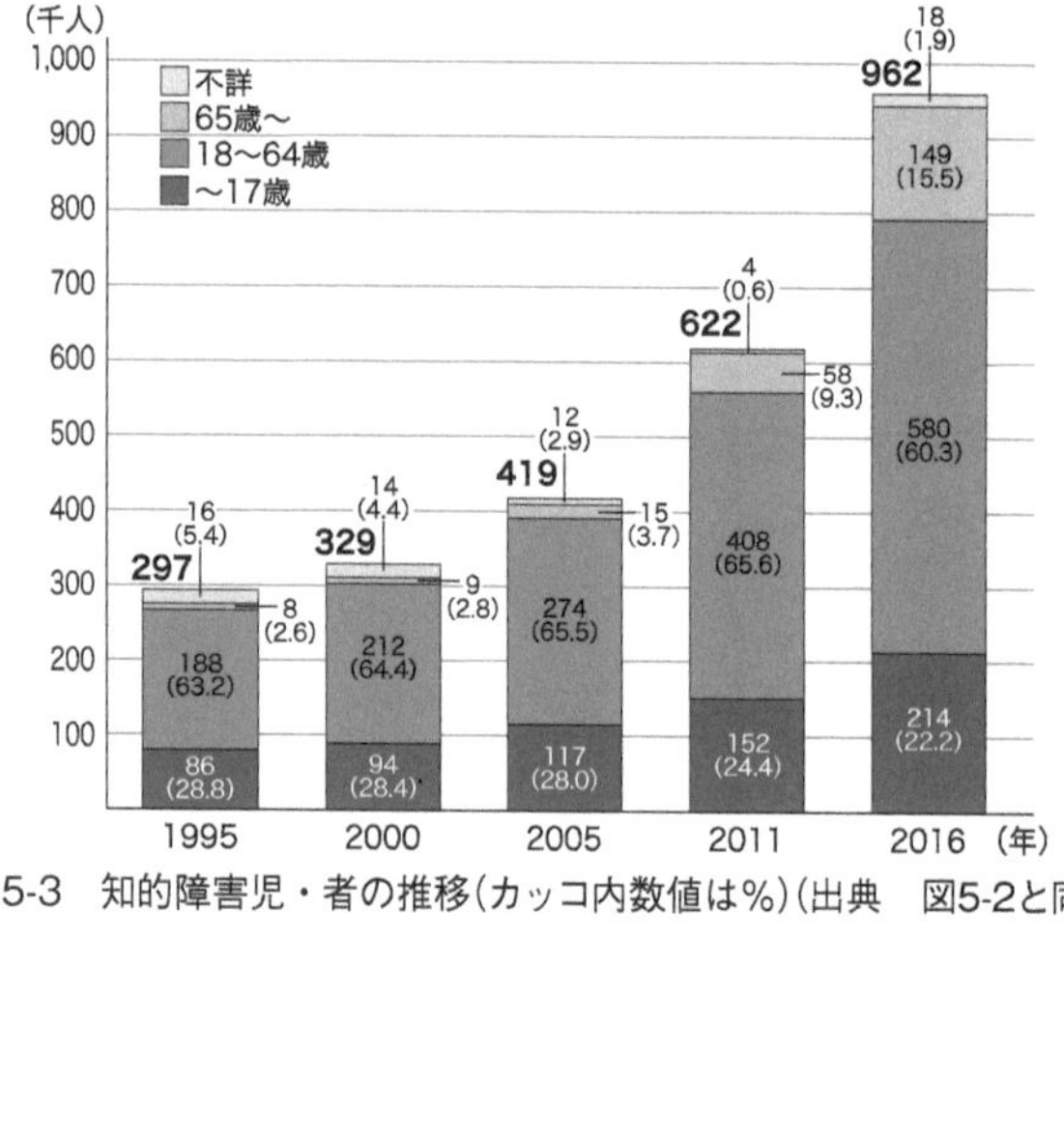

図5-3　知的障害児・者の推移(カッコ内数値は%)(出典　図5-2と同)

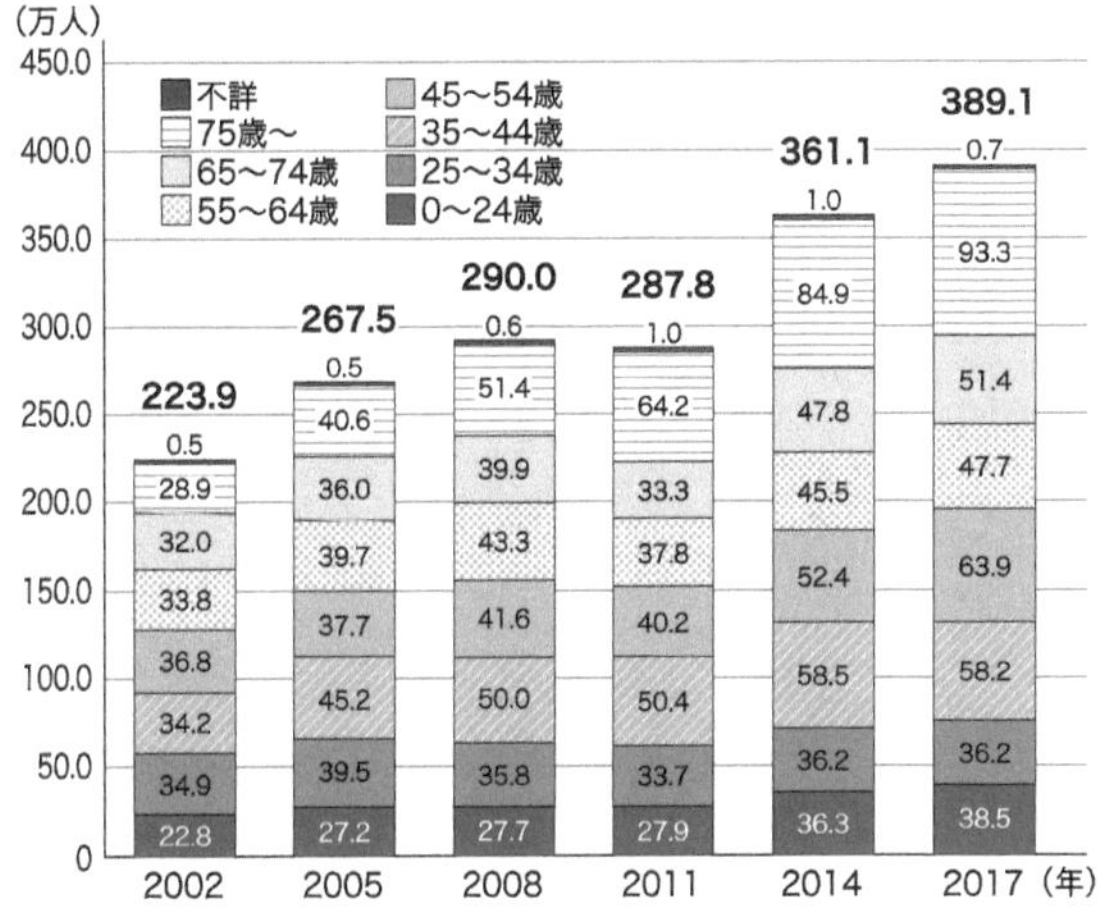

図5-4　精神障害児・者（外来）数の推移（出典　図5-2と同 p250）

ただ、このデータは、少なくない、かなりの人数の障がいを有する人々がこの社会でともに暮らしているという、重要な事実を示してくれている。

話が少し横道にそれるが、筆者は何度か地域の人々がまちの福祉について議論する住民座談会に参加したことがある。住民の意見は貴重なものであるものの、そこでは高齢者の生活と子育て支援の話が中心となることが多い。まるで障がいを有している住民はここにはいないかのようである。

座談会に参加している方々は意識が高く、少しでも地域を良くしたいと思っている人が多い。それでもなお、障がいを有する人々の存在は見過ごされがちだと言える。そして、それを隠す傾向や言えない雰囲気も根強く残っている。

座談会で「高齢者の支援や子育て支援に関する話が多いですが、ところで障がいを有する方はご近所にはいらっしゃいませんか？」と私が問いかけると、「知らない」、「それはわからない」と首をかしげる方が多いなか、「実は自分の子どもが障がいを持っているのだけど……」とようやく話し始める方もいる。

先のデータが示しているように、私たちの社会には、当然のことながら多くの障がいを有する人々がいて、同じ地域で暮らしている。しかし、日々の生活の中で接点が少ないと、ついそれを忘れてしまう傾向がある。結果として、それは障がいを有する人々とその家族を排除し、ケアを家庭内で抱えこませることにつながる。同じ地域住民としてともに暮らす視点、姿勢が求められる。

このように高齢者、障がいを有する人々が一定規模で存在して、増加する傾向もみられることは、子どもがケアを担うようになるひとつの背景だと言えよう。しかも、上で示したデータですら、全てを把握できているわけではない。障がいや疾患の認定、診断を受けていない人や、要介護状態でも介護保険の申請をしていない人もいる。

筆者が実際にヤングケアラーたちにインタビューをすると、福祉制度のことを家族全員がよくわかっておらず、認定もサービスも受けていなかったケースや、精神疾患の親にいくら言っても病院で受診してくれなかったというケースも少なくない。それを踏まえると、さらに多くのケアを要する人々がこの社会で暮らしている可能性がある。

2．社会福祉における家族主義

ケアは家族がするもの？　できるもの？

このように、ケアを要する人が多くいる、または増えていくことが悪いということではない。もちろん人為的に、または容易に心身の健康状態が壊されるようなことはあってはならないし、そのような社会環境は改善されなければならない。ケアを要する状態にならないよう保健、医療、福祉からアプローチすることも重要である。

しかし、さまざまな理由でケアを要する状態になる（である）ことは、人間としてある意味自然なことでもある。少なくとも私たち人間は誰でも子どものとき、高齢になったとき、必然的にケアを要する。また長い人生において、障がいや疾病を有することは普通に起こりうる。誰もケア無しに生まれることも、生きることも、死んでいくこともできない。

しかもケアを要する側とケアを担う側は固定されたものではなく、流動的で、私たちは常にどちらにもなりうるのである。私たちのLife（生命・生活・人生）はケアと一体のものであることを認識する必要がある。

以上のようなことを前提として、私たちの社会ではケアを家族だけが担うのではなく、社会で支え合うための仕組みが作られている。たとえば、介護保険法、障害者総合支援法が制定され、そのもとでさまざまなサービスが提供されている。

ただしここには、どこまでを家族がみて、どこからが社会でみるのか、というバランスの問題が常に存在している。社会保障・社会福祉の制度だけでケアを要する人が暮らすことは現実的には難しいことが多く、ある程度の家族によるケアが必要という現実がある。このような制度の仕組みもまたヤングケアラーたちと無関係ではない。

在宅福祉も家族が前提

近年、全ての人が住みなれた地域でともに暮らし続けられる社会を実現すること、人々の地域生活を支えることが社会福祉の重要課題のひとつとなっている。このような地域福祉を重視する志向は必要不可欠な視点であり、そのためにも地域において、フォーマル、インフォーマルな社会資源（各種制度、サービス、支援ネットワーク等）が豊富に用意され、全ての人が容易にそれを利用できるようになることが望まれる。

しかし、一方で、この地域福祉を不十分な形で進めた場合の危険性もある。すなわち、地域生活を支える体制が不十分であった場合、ケアを要する人々を、単純に施設・病院に入所・入院させず、地域の自宅または「住まい」とされる場所に放置することにつながってしまう。その場合、サービスの不足を補い、ケアを担うのは家族になる。

実際、私が以前、大人の家族介護者のインタビュー調査を行った際、医療ニーズを抱えている高齢の家族がいるが、長期間にわたる入院はできず、施設も入れず、医療ニーズに対応してくれる在宅サービスもなく、家族が困り果てているケースに出会った。そのほかにも、サービスの量や内容が不十分である、ニーズに合わない、経済的制限、情報不足、手続き的な問題等のため、サービスを利用できない人々が存在している。

たとえ在宅福祉が整備されたとしても、一緒に暮らしている場合、ちょっとした見守り、声かけ、その他の支援を家族が行うことは必然となるであろう。社会福祉で進められる在宅福祉、地域福祉の重視、いわば福祉の地域化・在宅化は家族ケアと対になっているという面もあり、一定のケア役割が家族にかかってくることになる。

なお、少しだけ補足をしておくと、施設や病院に入所・入院しても、一定の家族のケアは必要である。洗濯物を受け取る、着替えやおむつを届ける、看護・介護スタッフが常にそばにいられるわけではないので、話し相手になる、医師や専門職とやりとりをするなど、さまざまなケアを家族は行っている。そしてヤングケアラーたちも実際にそのような役割を担っている。

一方、いかに社会資源が整備されたとしても、現在の社会福祉制度は家族によるケアを前提としているという見方がある。たとえば、私自身、2018年の著書で、介護保険制度導入は家族介護を前提としており、それを支援する程度にとどまっていること、家族ケアは自己選択の結果とみなされ、潜在化し、見えにくくなっていることを指摘した。

同じく障害者福祉の領域においても、日本の在宅福祉は家族介護を前提としているという意見がある。土屋氏は2004年の論文の中で、重度障がい者の在宅福祉施策が提唱されるなかで、家族に代わるものとして在宅福祉が提起されていたが、1970年代を境に方向性が変わり、家族介護を前提として、それを支援するものとして在宅福祉が位置づけられ、在宅福祉の充実とともに、（実際には介護を担っている）家族の存在が消えたという、鋭い分析を示している。

現に、「令和元年国民生活基礎調査」（厚生労働省）によると、要介護者をケアする「主な介護者」は「同居」の家族が最も多く54・4％と半数以上を占める。内訳は配偶者が23・8％、子が20・7％、子の配偶者が7・5％、父母0・6％、その他の親族1・7％となっている。

さらに「別居の家族等」が13・6%となっており、同居、別居を合わせると、主な介護者の約7割は家族・親族となる。一方、「事業者」が主な介護者であると回答している者は12・1%にとどまる。

また2013年に「大阪障害児・者を守る会」が実施した調査では、「日常生活における主たる介助者」は9割が「家族」と回答していた。

また、厚生労働省社会・援護局障害保健福祉部が2016年に実施した調査『生活のしづらさなどに関する調査（全国在宅障害児・者等実態調査）』によると、「障害者手帳所持者等」「障害者手帳非所持かつ自立支援給付等非受給者」いずれの場合も、約半数が「福祉サービスを利用していない」と回答し、「家族の支援」を受けている者と受けていない者はどちらも約3割（うち「毎日」受けていると回答した者は前者で27・8%、後者で23・3%）であった。

これらの調査結果をみると介護保険制度、障害者総合支援制度のもと各種サービスが整備されていても、家族がケアの重要な担い手であり続けていることがわかる。そしてこれは、本人たちがそれを望んだ、選択したという面もあるであろうが、一方で、ある程度の家族ケアを前提とした社会福祉制度の仕組みのもとで、一定のケアを家族が担わざるを得ない構造のあらわれでもあることに留意する必要がある。

増加する高齢者や障がい者の虐待

以上のように、現代の社会福祉は、全ての人が住みなれた地域で暮らすという理想的な社会を追い求める面とともに、家族によるケアを必然とする一面をも有している。無論、家族がケアを担うことは悪いことではない。絆《きずな》の強い家族ではお互いにそれを望み、そこに幸福を感じる場合も多い。

しかし、現実的に家族が家族をケアするには、ケアができるだけの知力、体力、精神力、経済力等の条件が備わっていなければならない。家族の誰かがケアのために働かなくとも（または働く時間を減らしても）生活できるだけの経済力がその家庭にあり、終わりが見えないケアを毎日し続けるだけの体力、精神力を有し、高度化するケアにも対応し、制度・サービスを適切に利用しうる知識を有する者が、家族の中にいること、さらにケアの交替要員がいること等が不可欠である。

それが適《かな》わないとき、その家族は追い込まれ、介護倒れ、高齢者虐待、介護心中・介護殺人といった痛ましい事件、事態にまで至ってしまうことがある。愛や思いだけではできない現実がそこにはある。

家族・親族等の養護者による高齢者虐待の相談・通報件数は毎年伸び続け、令和元年度「『高齢者虐待の防止、高齢者の養護者に対する支援等に関する法律』に基づく対応状況等に

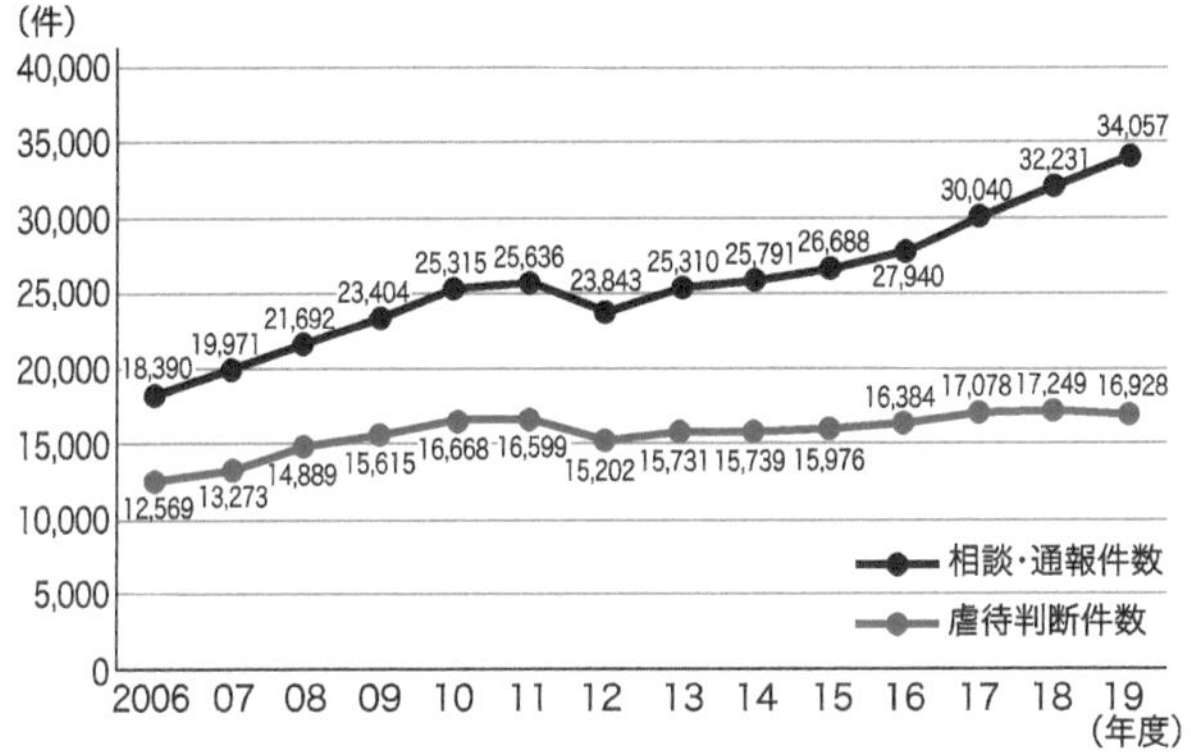

図5-5　養護者による高齢者虐待の相談・通報件数と虐待判断件数の推移（出典　令和元年度「高齢者虐待の防止、高齢者の養護者に対する支援等に関する法律」に基づく対応状況等に関する調査結果）

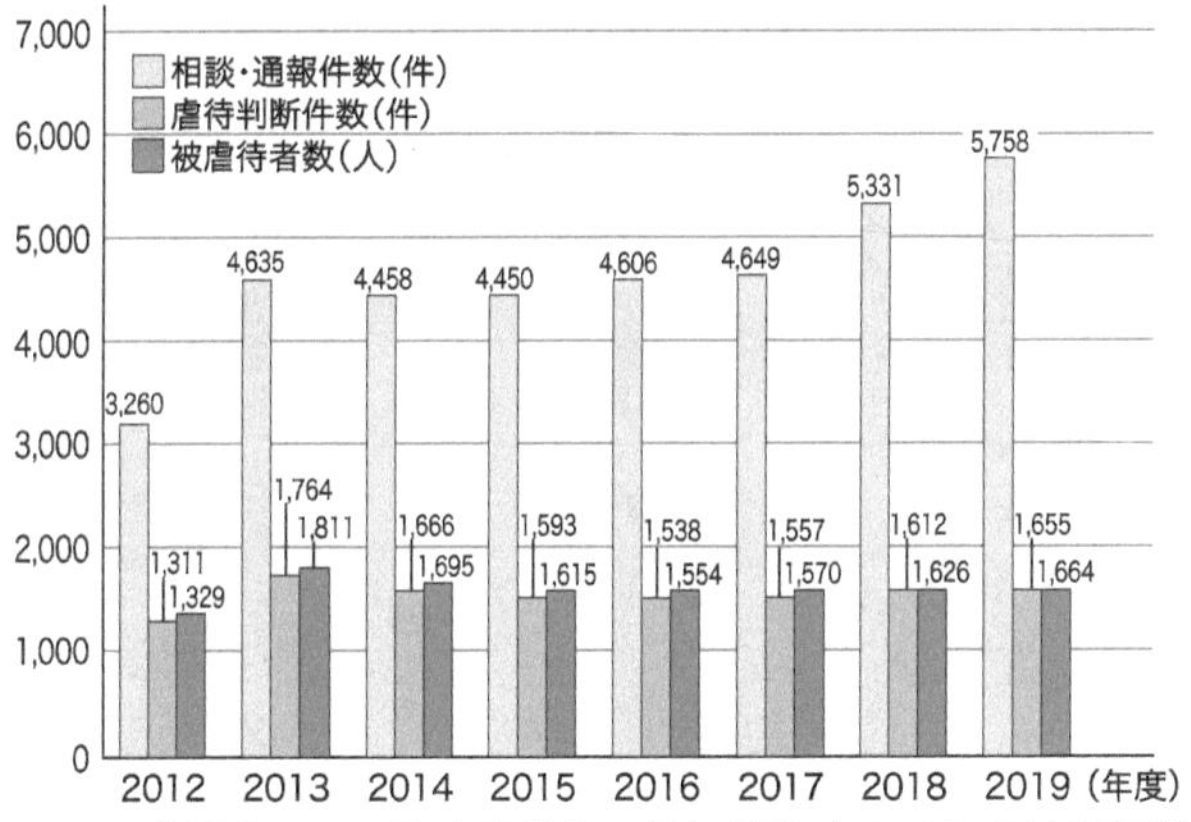

図5-6　養護者による障害者虐待の経年推移（2012年度は下半期のみのデータ）（出典　令和元年度都道府県・市区町村における障害者虐待事例への対応状況等（調査結果））

関する調査結果」（厚生労働省）では、3万4000件を超えている。虐待と判断された件数はそれよりも少なく約1万7000件になるがやはり微増を続けている（図5－5）。

一方、家族・親族等による障がい者の虐待については、「令和元年度都道府県・市区町村における障害者虐待事例への対応状況等（調査結果）」（厚生労働省）をみると、養護者による虐待に関する相談・通報件数は2013年以降、4600件前後を、虐待判断件数は1600件前後を推移し、2018年には相談・通報件数が5000件を超えている（図5－6）。

これらの結果からも、家族が過剰なケア負担のもと、追い込まれているケースが少なくないことがわかる。また、虐待の背景には経済的理由や孤立、介護者の健康状態等もあることも指摘されている。ケアそのものの大変さだけではなく、家事や仕事の負担、両立問題、経済的な困難、社会的な孤立、健康上の問題が複合的に絡み合う。場合によっては、介護者とその家族の生命、生活そのものが崩壊してしまうことがある。決して「介護」のみの問題にとどまらない。いわゆる家族介護の問題の本質はここにある。

もしもそこに、ケアを手伝えるような子ども（子、孫、きょうだい等）がいたならば、その子は家族のために、ごく自然に何らかの形でケアに参加し、役割を担っていくことになるであろう。ひとり親の世帯で、祖父母がケアを要する状態になり、親のケア負担の大きさ、仕事との両立の困難さ、健康状態の不安を目の当たりにし、「親を助ける」という意識でケアに携わるようになったというケースは多い。

子どもがケアを担う背景には、大人のケア負担の限界という問題が存在している。この問題は長年にわたって指摘され続けたが、日本における家族介護者支援は乏しく、未だ解決に至っていない。そのしわ寄せが子どもにまで至っていると言える。

ひとり親世帯の増加と生活困難

ヤングケアラーはさまざまな世帯にいるが、ひとり親世帯に多いことが複数の調査で指摘されている。

「2019年国民生活基礎調査の概況」によると、「ひとり親と未婚の子のみの世帯」は、1986年では5・1%であったが、2004年には6・0%に達し、2019年には7・0%になり、ひとり親世帯の増加が現れている（表5－1）。

このようなひとり親世帯の増加と抱える困難に対して、社会保障・社会福祉等の制度、サービスが有効に機能していないことがヤングケアラーの事例からはうかがえる。

無論、ひとり親世帯に多くみられる理由は今後明らかにしていく必要があるが、いくつかの推測が成り立つ。

世帯構造		世帯類型				平均世帯人員
三世代世帯	その他の世帯	高齢者世帯	母子世帯	父子世帯	その他の世帯	
推計数(単位:千世帯)						(人)
5 757	2 127	2 362	600	115	34 468	3.22
5 599	2 166	3 057	554	100	35 707	3.10
5 390	2 529	3 688	480	86	36 957	2.99
5 082	2 478	4 390	483	84	35 812	2.91
5 125	2 648	5 614	502	78	38 302	2.81
4 844	2 909	6 654	587	80	38 343	2.75
4 512	2 934	7 874	627	90	37 732	2.72
4 045	3 337	9 009	717	100	38 197	2.63
3 835	3 320	10 207	708	77	37 646	2.59
3 329	3 334	11 614	821	91	37 586	2.51
2 947	3 330	13 271	712	91	35 871	2.47
2 910	3 270	13 223	767	97	36 338	2.47
2 720	3 342	14 063	662	82	36 184	2.44
2 627	3 278	14 878	644	76	36 187	2.39
構成割合(単位:%)						
15.3	5.7	6.3	1.6	0.3	91.8	-
14.2	5.5	7.8	1.4	0.3	90.6	-
13.1	6.1	8.9	1.2	0.2	89.7	-
12.5	6.1	10.8	1.2	0.2	87.8	-
11.5	6.0	12.6	1.1	0.2	86.1	-
10.6	6.4	14.6	1.3	0.2	84.0	-
9.7	6.3	17.0	1.4	0.2	81.5	-
8.4	6.9	18.8	1.5	0.2	79.5	-
7.9	6.8	21.0	1.5	0.2	77.4	-
6.6	6.7	23.2	1.6	0.2	75.0	-
5.9	6.7	26.6	1.4	0.2	71.8	-
5.8	6.5	26.2	1.5	0.2	72.1	-
5.3	6.6	27.6	1.3	0.2	71.0	-
5.1	6.3	28.7	1.2	0.1	69.9	-

注:2)2016(平成28)年の数値は、熊本県を除いたものである。

年次推移(出典　厚生労働省「2019年国民生活基礎調査の概況」p3)

ひとり親世帯の特徴として、家庭内における「担い手」の少なさがある。仕事に就き、家族が生活できるだけの収入を得て、家事や身辺処理を行い、生活をやりくりして、うまく回していく生活経営を、親がひとりで担わなければならない。やることの多さに加え、責任の大きさもあり、これらを十分に行っていくことは決して容易ではない。それだけでぎりぎりの毎日を送っている世帯

	総数	世帯構造			
		単独世帯	夫婦のみの世帯	夫婦と未婚の子のみの世帯	ひとり親と未婚の子のみの世帯
		推計数(単位:千世帯)			
1986(昭和61)年	37 544	6 826	5 401	15 525	1 908
89(平成元)	39 417	7 866	6 322	15 478	1 985
92(4)	41 210	8 974	7 071	15 247	1 998
95(7)	40 770	9 213	7 488	14 398	2 112
98(10)	44 496	10 627	8 781	14 951	2 364
2001(13)	45 664	11 017	9 403	14 872	2 618
04(16)	46 323	10 817	10 161	15 125	2 774
07(19)	48 023	11 983	10 636	15 015	3 006
10(22)	48 638	12 386	10 994	14 922	3 180
13(25)	50 112	13 285	11 644	14 899	3 621
16(28)	49 945	13 434	11 850	14 744	3 640
17(29)	50 425	13 613	12 096	14 891	3 645
18(30)	50 991	14 125	12 270	14 851	3 683
19(令和元)	51 785	14 907	12 639	14 718	3 616
		構成割合(単位:%)			
1986(昭和61)年	100.0	18.2	14.4	41.4	5.1
89(平成元)	100.0	20.0	16.0	39.3	5.0
92(4)	100.0	21.8	17.2	37.0	4.8
95(7)	100.0	22.6	18.4	35.3	5.2
98(10)	100.0	23.9	19.7	33.6	5.3
2001(13)	100.0	24.1	20.6	32.6	5.7
04(16)	100.0	23.4	21.9	32.7	6.0
07(19)	100.0	25.0	22.1	31.3	6.3
10(22)	100.0	25.5	22.6	30.7	6.5
13(25)	100.0	26.5	23.2	29.7	7.2
16(28)	100.0	26.9	23.7	29.5	7.3
17(29)	100.0	27.0	24.0	29.5	7.2
18(30)	100.0	27.7	24.1	29.1	7.2
19(令和元)	100.0	28.8	24.4	28.4	7.0

注:1)1995(平成7)年の数値は、兵庫県を除いたものである。

表5-1　2019年世帯構造別、世帯類型別世帯数及び平均世帯人員の

も少なくないであろう。

そこでもしもその親自身がケアを要する状態になった場合、一気に生活が回らなくなることは想像に難くない。子どもは必然的に、そして自然と、料理や洗濯などの家事や親の世話、年下のきょうだいの世話などを手伝うことになる。

しかも、親が動けない状態であれば、適切な医療を探して受診する、利用できる福祉の制度・サービスに関する情報を集

め、利用手続きを行うことは難しいであろう。そうすると、外部の専門的なサービスには結び付かず、やはり家庭内でどうにかしなければならなくなる。

また、親自身がケアを要する状態でなくとも、別にケアを要する家族がいた場合はどうなるであろう。障がいや疾病を有する子どもがいる、祖父母がケアを要する状態になった等である。ひとりで家事、子育て、仕事を担い、家族を支えているところに、家族のケアをしなければならないとなると、とても手が回らないことは容易に想像できる。

さらに、ひとり親世帯の場合、経済的な困窮を抱えることが多いことも指摘されている。「平成28年度全国ひとり親世帯等調査結果報告」(厚生労働省)によると、母子世帯、父子世帯ともに8割以上が就業しており、父子世帯では7割近く(68・2%)が正規の職員・従業員として働いているものの、母子世帯では44・2%に下がり、パート・アルバイト等が43・8%となっている。

また、児童のいる世帯の2015年の平均年収は707・8万円であるが、父子世帯の平均収入は573万円、母子世帯では348万円であることが示されている。「2019年国民生活基礎調査の概況」をみても、ひとり親世帯の貧困率は約50%となっている。

経済的な困窮を抱えるひとり親の世帯では、親が生活費を確保するため、ダブルワーク、長時間労働に従事しなければならないというケースも少なくないであろう。そうすると親が家族のケアに割く時間、労力がなくなり、子どもがケアを担うことは必至である。そして現行の福祉サービスは、大抵の場合、利用料がかかってくる。経済的な困窮がサービス利用の制限に関係している可能性もあるだろう。

例を挙げるときりがないが、ヤングケアラーにかかわらず、以前より指摘されてきたひとり親世帯の生活の不安定さとそれへの各種社会保障、社会福祉制度による支援の弱さが、子どもがケアを担わざるを得ない状況を生み出していると言える。

ただし、ふたり親の世帯で生活基盤の不安定さを抱えるケースも当然ながらある。仕事の多忙さ、経済的困難、家族関係やジェンダーの問題等が絡んでいることがみられた。家庭内に大人が複数人いれば問題ないということでもない。

ヤングケアラーの役割が過度にならないようにするためには、まずはケアを要する者がいる家庭の生活基盤を安定させるための方策が必要である。すなわち、家族介護を前提としない介護保障制度の確立、ケアを担う家族の「生活保障」を目的とした所得保障、経済的援助、医療、福祉サービスの提供、介護休業制度による就労保障と両立支援の充実などの整備が欠かせない（詳細については、2018年の私の論文をご参照いただければ幸いである〈濱島、2018〉）。特にひとり親世帯において、そのリスクが高いのであれば、経済的支援、ケアサービスや家庭への家事サポートの充実、社会サービスへのアクセシビリティの確保等から始める必要がある。

生活の困難さが世代間で連鎖する

改めて整理すれば、私たちの社会は多様な人々から構成されている。ケアを要する人々は必ず一定の規模で存在し、ケアを要する人と要さない人の境界線はあいまいで流動的なものである。誰もがどちらにでもなりうる。そして家族の誰かがケアを要する状態である（になる）のもごく自然なことである。それを社会で支えるために社会保障・社会福祉の制度、サービスが用意されている。

しかし、その制度において、ある程度のケアを家族に期待する仕組みがあると、実際に家族の誰かがケアを要する状態になったとき、ケアの負担や生活困難が生じうる。特に、経済的困難を抱える世帯やひとり親世帯のように、もともとの生活基盤に不安定さを抱えている家庭において、それはより顕著となる。そのしわ寄せは子どもたちにいき、ヤングケアラーとして家族のケアを担うという、ひとつのメカニズム、社会的構造がある。

しかも、その子どもたちの中には、学業、就職、結婚、友人関係、心身の健康等を犠牲にしなければならないケースが存在する。その負の影響は、ケアをしている期間だけでなく、将来にわたっての不利にもつながりうるものである。

前述したように、筆者が出会ってきたヤングケアラーたちには、ケアから離れた後も、健康上の問題が続いている、対人関係の面で困難を抱えている、社会経済活動に参加することができない者もいる。このようなヤングケアラーたちは、自分たち自身の生活、人生において不安定さを抱えることになる。これは「ケアによる生活困難の世代間連鎖」が起こっているとみることができよう。

子どもが過度なケアを担うということは、個人の考え方や家庭の文化など個人的な問題ではなく、上述したような社会の構造、制度の仕組みにも問題があることを忘れてはならない。ヤングケアラーは社会の矛盾を背負う子ども、若者たちであると言える。

ヤングケアラーたちへの直接的な支援を整えることも重要であるが、そもそも矛盾を抱える社会の仕組みを改善するようアプローチしなければ、過度なケアを担い、ケアを終えた後も何らかの困難を抱えるヤングケアラーたちが存在し続ける、または増え続けることになるであろう。

終章 ヤングケアラー支援にむけて

＊＊＊

ケアを要する家族がいて、ケアを担い、家族を支える子どもたちがいる。それそのものは否定されることではない。その頑張りや家族への愛情は尊く、評価されるべきことである。

しかし、これまでみてきたように、ケアを担うなかでさまざまな困難を抱え、生涯にわたる不利を背負うこともある。また、それほどの負担はなくとも、いろいろな思いを抱えているヤングケアラーもいる。

現在、次なるステップとして、地域において、いかにヤングケアラーの支援体制を築き、実行に移すかという課題が上がってきている。

最近、ある行政関係者が話していた。

「去年までは（ヤングケアラーの取り組みについて）追い風が吹いているという感じだったが、今年になって『突風』に変わった」

確かに、国の調査結果が公表された頃から報道が激増し、それに合わせて国会や地方議会ではヤングケアラーに関する質問が相次いだ。そんな中、国もヤングケアラー支援の方策を示した。このこと自体は、実に画期的であり、大きな一歩と言えよう。ヤングケアラーという言葉、概念がほとんど知られていなかったときから思えば、信じられないような目覚ましい変化である。

ただ、この変化を手放しで喜ぶこともできない感覚がある。ある行政職員はこのように話していた。

「最近の急激な変わりようはなんだか怖い……」

その不穏な空気は私も感じている。この「突風」は下手をすると、これまで多くの人が努力して少しずつ積み上げてきたものを、全て壊して跡形もなくしてしまうのではないか。ヤングケアラーという言葉が独り歩きしていないか。一時の流行《はや》りもので終わってしまうのではないか。

そのような恐怖が常に付きまとい、焦りは日々強くなっている。それは報道があればあるほど強くなり、国が支援方策を示してもなお、弱まることはない。

言葉の意味を、家族のケアを担う子ども・若者たちを、偏ったイメージではなく、多面的に正しく理解し、彼らが発するメッセージから読み取れる、普遍的な社会課題を受け止め、そこにメスを入れる対策に結びつけることができなければ、意味がない。

そもそも、ヤングケアラーに気付き、支援する方法も確立しているとは言い難い。ヤングケアラー支援にむけた方向性が示されたばかりで、まだ始まってもいない。

私も根拠ある結論に達しているわけではないが、現段階で考えられることについて、最後に整理したいと思う。今後の参考になればと思う。

1．支援のためにできること

まずは実態を把握することから

やはりヤングケアラーの実態把握は欠かせない。国が示した方策でも地方自治体ごとの実態調査の必要性が示されており、今後、この点は進むだろうと期待している。

ただし、ケアを担っていると自覚していない子どもたちに回答してもらい、その実態を把握することは非常に難しい。工夫を凝らした調査票の作成と、子どものみならず、教員、専門職への調査等、さまざまな角度からの把握が必要となろう。

このような実態把握を重ねるとともに、ヤングケアラーについての周知を図る必要がある。理解者がいないことがヤングケアラーたちの孤立を深め、生きづらさを生じさせていたことは何度も指摘した。

まずは教員、医療、福祉の専門職、一般の人々のなかで周知を進める必要があるだろう。そこでは2つの側面からの理解を進めることが重要である。

ひとつには彼らの困難と価値の両面の理解が重要である。本書では、ヤングケアラーは

「単に手伝いをしているだけだろう」という認識を払拭《ふっしょく》するため、彼らの抱える困難を中心に記してきた。

しかし、ケア経験がもたらすのは負の影響だけではなく、その経験で培い、獲得してきたものも多々ある。それが評価されていない理不尽さについても触れた。ヤングケアラーが抱える困難と価値の両面の理解を進める必要がある。

もうひとつには、親の困難、生きづらさも理解することである。ある元ヤングケアラーは、自分のケア経験が報道されると、ネット上で、子どもにこんなことをさせるなんて「親の顔がみてみたい」「ひどい親だ」などの書き込みが多くあり、自分の親に攻撃が向かってしまったという。

筆者が出会ったヤングケアラーたちの多くは、親を批判されることを恐れている。それは親自身も大変であることを知っており、それを助けたいという思いからケアをしているからである。

「子どもにそんなことをさせてダメな親だ」という批判は、子どもたちには受け入れがたく、それを防ぐために、ケアをしていることを誰にも言わないようになった者もいる。

実際、ヤングケアラーの保護者に話を聞くと、「子どもに十分なことをしてあげられていない」「また怒鳴ってしまってダメな親だ」という罪悪感や、「どうにかしたいと、必死で役所の窓口をあちこち回ったけど、誰も助けてくれなかった」という経験を語るケースも少なくない。

ヤングケアラーたちの親世代も苦しく、大変な思いをしている。子どものしんどさは大人のしんどさとつながっている。親世代のしんどさに目を向けること、親子への支援が重要である。

地域で整えたい5つの支援――自分の人生を歩むために

たとえヤングケアラーが負担の大きいケアを担っていたとしても、その環境をすぐに改善することは難しい。祖父母が認知症を有し、介護サービスの利用を嫌がった場合、それはすぐに解消されるものではない。また、親の精神疾患や難病が突然消えてなくなることもない。支援体制の構築には時間がかかり、またそれがどれほど進んだとしても、どうしても子どもがケアを担わなければならない家庭もある。さらに実態調査からわかるように、そこまで負担が大きくないヤングケアラーたちも大勢いる。

それを踏まえると、ある程度のケア役割を担いながら生きていくヤングケアラーは、必ずいる。そもそもヤングケアラーをなくさなければならないということではない。

ケアを担いながらも、自分の健康を保ち、学校に通い、学び、友人関係を築き、人生設計を考え、自分の人生を歩んでいく。そのための支援が必要となる。

①孤立の解消――ヤングケアラーが出会う場

支援策の第1として、ヤングケアラーたちが出会うことができる「交流の場の提供」、「居場所づくり」がいいだろう。ヤングケアラーの抱える困難、生きづらさとしてよく「孤立、孤独」があがる。これは、それほど負担が大きくないヤングケアラーも口にすることである。

図6-1　ふうせんの会のちらし©ヤングケアラー研究チーム／イラスト：FMCイラスト工房多田文彦（出典　https://peraichi.com/landing_pages/view/balloonyc/）

まずは孤立を解消するための取り組みが必要である。

「居場所づくり」にはさらなる効果も期待できる。他の仲間と出会い、相手の話を聞き、自分の話もするなかで、自分と家族の状況を改めて見つめ直し、理解が深まることがある。また実際に抱えている悩みや課題を解決するための、有効な情報を入手することも可能となるだろう。さらに、ヤングケアラーたちが集まり、自分たちの存在と思いを、社会へ発信する拠点にもなりうる。

私自身、2019年より、元ヤングケアラーたちと数名の有志とともに、「ふうせんの会」という任意団体を立ち上げ、ヤングケアラーの「つどい」を開催している（図6－1）。現段階では、2カ月に1回、大学の教室に集まり、ケア経験の共有と交流、テーマを決めた意見交換等をしている。将来的にはアウトドアでの活動や遠出をするなど、もっと楽しい催しもしていきたいと考えている。

何分、コロナ禍の真っ只中《ただなか》でスタートしたため、できることが限られ、プログラムの企画も悩ましいところである。どのような形であっても、だれかと接点を持つことが大事だろうと、慣れないなかオンラインでの参加もできるようにした。メンバーとともに、毎回、試行錯誤を繰り返している。

もともとはヤングケアラーのために何かをしたいという熱心な元ヤングケアラーたちがいた。自分たちが、研修会や講演会等でいくら言ってもヤングケアラー支援はなかなか進まない。それならもう、とりあえず集まって話せる場を作ろう！　ということで、先の見通しも、何の知識もスキルもないなか、見切り発車した。ボランティアでサポートしてくれる専門職のメンバーも集まり、どうにか2年目に突入した。

改善すべき点は多く、何とかドタバタと運営しているという感じではあるが、それでもこのような場の必要性を痛感することが多い。ひとりではないということを実感できる、つどいを通して社会との接点を持てる等の感想を伝えてくれるヤングケアラーもいる。参加してから数カ月で表情が変わり、何となくきりっとした人や、働き始めたり、再び大学で学び始めるなど次のステップに進む人もいる。

おそらく地域には、このような当事者活動、居場所づくりについて、すでにノウハウを持つ人は大勢いると思う。ぜひそれを活かして、またノウハウがない人も思い切って、始めてみてほしい。ヤングケアラーたちが気軽に集える場が、身近なところにできていくことを切に願う。

②学習支援

第2に考えられるのは学習支援である。これも重要なポイントであろう。ヤングケアラーは、時間、体力、精神力をケアに費やすことで、勉強についていけなくなることが少なくないことは、すでに述べてきた通りである。

このことから、学校内や地域において、放課後や休日にヤングケアラーたちが落ち着いて勉強できる場を用意し、勉強を教えてくれるといった、学習サポートの取り組みが求められる。

③家事や食事の支援

第3として、家事・食事支援の充実である。家事を担うヤングケアラーは多いことから、朝食、夕食など食事の提供、お弁当のサービス、（家庭内に入ることは簡単ではないかもしれないが）掃除、洗濯のサービスを整備することも有効だろう。

国が示した方策では、家事サービスの充実も掲げられており、今後の展開に期待するところであるが、これには2つのポイントがある。ひとつは、現行制度の改善による家事サービスの充実である。これについては詳細を後述したい。

もうひとつは、ヤングケアラーのための家事、食事サービスだ。多くの家事サービスはケアを要する者の分のみが対象となり、その家族の分まではしてもらえないことが多い。そこを補う必要がある。

これを公的なサービスのなかで実施することも検討に値するだろう。ただし、十分に制度が改善されるには時間がかかってしまう。今、目の前にいるヤングケアラーたちをサポートするには、民間による活動にも期待したい。

なお、家事支援については家事（掃除、洗濯、料理）の方法を教えるという支援もありうる。実際に、小学校の先生方が、病気の母親のケアを担っていた生徒に家事の方法を教えたという例もある。これも地域のヤングケアラー支援として展開されると有効かもしれない。

元ヤングケアラーにこの点について意見を求めたところ、家事ができるように教えてくれることと、家事をしなくても良いようにサービスが提供されること、両方が必要だと思うと答えた。

年齢に見合わないレベルの家事、ケアができるよう教えることは、逆に家族のケアを担わなければならないというプレッシャーになり、負担を増やしてしまう可能性もある。ヤングケアラーの年齢、健康状態、意思、家庭の状況等に合わせて、また家事サービスの提供、レスパイト（小休止）サービスと組み合わせて、行うことが重要だろう。


さて、上記のような居場所づくり、学習面での支援、食事支援等の活動は、もうすでに地域で行われているではないか、と思う読者もいるかもしれない。確かに、このような取り組みを行う民間団体、学校は、近年ではよくみられる。重要な点は、そこに「ヤングケアラー」の視点を導入し、ひと工夫加えてほしい、ということである。

ヤングケアラーや支援者へのインタビューも筆者らの研究チームは実施している。そのなかには、ヤングケアラーという言葉は認識していなくとも、そのような子どもに出会ったことがある支援者がいる。そして、ヤングケアラーへの支援という認識はないが、子どもとその家庭の置かれている環境を改善するための間接的、直接的な支援を展開し、状況を改善させていた。

たとえば、ある民間団体は、障がいを有する子どもの支援のため、ある家庭に入ったが、そこで年上のきょうだいが、家のことや障がいを有するその子の世話をしていることを知った。民間団体の支援者は、そのヤングケアラーの負担を心配して話をしたり、（本来の目的であった）障がいを有する子どもの世話をその団体が担うことで、ヤングケアラーの負担を軽減させたという。

また、あるボランティアは、母親が精神疾患を有し、子どもが家事を担っている家庭に出会った。一番上の中学生の子どもが家事や年下のきょうだいの世話をして家庭は何とか回っていた。しかし、その子どもはそれだけで精一杯であり、学校に通えていなかった。

お弁当を毎朝作って持っていく余裕もなく、それが学校に行けない一因ではないか？と思ったボランティアは、家庭への食事支援とともに、毎朝、お弁当を届けるようにした。するとその子どもは学校に通い始めたという。

家族のほとんどが病気や障がいのためケアが必要な状態で、小学生の頃から、その家族をケアし続けていたヤングケアラーがいた。学校にも十分に通えておらず、勉強は学校の先生がボランティアで個別に教えてくださった。その子どもと家族の食事面は、地域の子ども食堂が連携してサポートしたという。

このような例はおそらく全国に数多くみられるであろう。しかし、ヤングケアラーを偶然みつけ、偶然支援するのではなく、最初から「ヤングケアラー」という視点を持ち、必要な支援を考え、実施することが重要である。

上記のようなケースも場合によっては、「この家は子どもがしっかりしているから大丈夫」という判断に至った可能性もある。私が出会ったヤングケアラーの中には、社会福祉士などの専門職が家庭訪問をしながらも、そのように判断され、子どもに対する継続的な支援が行われなかったケースもある。

既存の取り組みに「ヤングケアラー」という視点を入れることで、救われるヤングケアラーは格段に増えるであろう。居場所カフェや子ども食堂などでヤングケアラー同士が出会えるようお膳《ぜん》立てする、子どもたちが担う「手伝い」の様子を少し丁寧に聞いてみる、ケア負担が軽減されるような支援を考えるなど、さまざまな可能性がある。民間の柔軟な発想とこれまでの経験、実績を活かして独自のヤングケアラー支援を生み出していってもらえたらと思う。

④レスパイト（小休止）サービス

第4の支援として、レスパイトサービスをあげたい。いわゆる小休止、ケアから離れてちょっと休むためのサービスである。すでにイギリスではヤングケアラー支援に取り組む複数の団体がこのようなことを実施している。

たとえば、私が話をうかがったことがあるイギリスのヤングケアラーの支援団体、ウィンチェスター・ヤングケアラーズ（Winchester Young Carers）では、カヌー体験をする、テーマパークに行く、工作クラブでさまざまなものを作ってみるなど、多種多様なアクティビティが用意されている。

これはヤングケアラーが休みをとり、子どもに戻れる時間を確保するという意味でも効果が大きいが、それだけではない。ヤングケアラーたちは、友人からの誘いを断り、課外活動や趣味も、ケアと両立できるものに絞り、好きなこと、やってみたいことを十分に行えないケースが少なくない。

結果、ケアと学校のみの生活になり、「生活の多様性」、「経験の多様性」が奪われていく。それが「同年代と同じような経験をしていない」という自信の無さ、自己評価の低さにつながる一因でもあるだろう。

あるヤングケアラーは、幼いころ、親から音楽を教えてもらったことがあった。その後、母親が精神疾患を発症し、ケアを担い、抑圧的で閉鎖的な環境に耐える日々を送ることになる。しかし、その中で唯一の救いとなったのが、大好きな音楽だった。それがなかったら、きっと耐えられなかっただろうと話していた。

またあるヤングケアラーは、ケア役割がひと段落して、自分の人生を考えるときハッと気づいたといい、「それまでケアに一生懸命で、自分は何が好きで、何が得意で、何が不得意か。そんな自分のことを、自分は全く知らなかった」と語っていた。これも生活・経験の多様性が奪われる、ということに通ずるだろう。

学ぶことは生きる上で最低限必要だが、その他のさまざまな経験によっても、自分という人間や人生が形成される。時にはそれらが外の世界へと自分を連れ出し、守ってくれる。ヤングケアラーたちがプラスαの何かに触れる機会、場が確保されていることは極めて重要である。

このようなヤングケアラーのためのレスパイトの取り組みをする団体もまだごくわずかであり、活動の展開に期待したい。

⑤伴走者の必要性

さて、ヤングケアラー支援で重要となるのが「伴走型支援」ともいうべき第5の支援である。一言で言うと、ヤングケアラーには、自分に寄り添い、一緒に悩み、考えてくれる「味方」が必要である。そしてそれは、所属する学校や年齢等によって途切れるのではなく、継続的な支援でなければならない。

ヤングケアラーたちは、変化する家族の状態を踏まえながら、生徒、学生としてすべきことと家庭内での役割を遂行、管理し、日々の生活をまわし、年齢が上がるにつれ、家族の将来も見据えながら、自分の人生設計を考えていかなければならない。

当然ながらその過程では、勉強、課外活動、友人関係、家族関係、自分の健康状態、今後の人生等について、さまざまなことが起こり、いろいろな思いを抱く。それをその都度、解決、解消しなければならない。

多様な役割を、その時々の状況に合わせて考え、うまく管理していくということは、大人の家族介護者のワーク・ライフ・バランスの問題とも似ている。ただ大人であれば、これまでの知恵で乗り越えることができたり、自分の人生設計はある程度定まり、ゼロから考える必要がないことも多い。

また自分が直面している状況や問題を、周囲に相談して対応していくことが可能だったり、自分の中に生まれた複雑な思いを、何とかコントロールすることもできるだろう。

しかしながら、これをやってのけることは、心身ともに成熟した大人でも決して容易では

なく、無理をして健康を害したり、生活そのものが崩れていくことも決して珍しくない。まして
や、子ども、若者たちである。自分の置かれている状況を的確に理解すること、それを言語化して周囲の大人たちに説明することだけでも、かなりハードルが高い。

さらに、日々のことに心身ともに追い詰められながらも、いかなる資源を用い、何を優先させるか適切に判断しながらやりくりをし、人生選択をしていくことは至難の業である。むしろ、不可能と言っても良いであろう。

第三章で紹介した友也さんも先生の助けを得て何とか、高校を卒業することができた。しかし、それ以降の進学や就職といった自分の人生設計については考える余裕など全くなかったと語っていた。また、家族のために自分が大学を辞めようとまで考えたが、直前でケアマネジャーからの説得があり、思いとどまったというヤングケアラーもいる。

目の前のことを何とかこなすことで精一杯になっているヤングケアラーには、思いや悩みを受け止めてもらいながら、自分の立場にたって、日々の生活経営と長期的な人生設計を一緒に考え、サポートしてくれる人が必要である。

なお、この伴走型支援のベースはアドボケイト（権利擁護・代弁）の視点である。意識化されていないヤングケアラーたちの思い、悩み、希望を顕在化、言語化し、本人の意思を確認し、それをベースとした上で、生活経営、人生設計を考える。本人の意思と必要に応じて、

学校、医療機関、福祉サービスの事業者、民間の支援団体、家族・親族等にヤングケアラーの思いを伝える、代弁することも重要である。

2. 学校での理解や配慮、そして支援

学校での先生、友人の理解は重要

学校での取り組みについても触れたい。子どもたちにとって、学校は家庭とともに生活の大部分を占める。学校の先生、友人の理解があるか否かは、ヤングケアラーにとって重要なポイントとなる。

大抵のヤングケアラーは学校の先生に自分の事情を話していない。先生からの理解も得られなかったと語る者は少なくない。もちろん、そこには本人の説明力不足や話そうとしなかった等の事情もあるだろう。

しかし、それを子どもに強いることは酷である。ヤングケアラーを知らない大人に、また自分のことをいい加減な生徒と誤解している教員に、理解してもらうことは非常にハードルが高い。

子どもたちにそのハードルに挑むことを求めるよりも、まずは学校、教員の方がヤングケ

1.	ケアラーとしての責任が、私たちの教育や学校生活に影響してくることを認識してほしい。
2.	私たちが何を必要としているか、私たちがどのような点で他の生徒のようではないのかなど、私たちのことを聞いてほしい。
3.	家庭での個人的問題について聞くための時間をつくってほしい。私たちは恥ずかしくて自分から言えないこともあるから。
4.	遅刻したときに機械的に罰しないでほしい。私たちは家族のことを助けていて遅れざるを得ないときがある。
5.	お昼休みに立ち寄れる場所や宿題クラブを開くなどのサポートをもっとしてほしい。
6.	柔軟に対応してほしい――宿題や課題をするための時間や手助けをもっと与えてほしい。
7.	授業の中で、ヤングケアラーや障がいにかかわる問題についての情報を扱ってほしい。
8.	親が大丈夫かを確かめる必要があるときには、家に電話させてほしい。
9.	明確で最新の情報が載っている掲示板を整えて、私たちにとってサポートになる情報や、地域のどこで私たちがサポートを受けられるのかをわかるようにしてほしい。
10.	先生たちが大学や研修でヤングケアラーや障がいにかかわる問題についての訓練を受けられることを確実にしてほしい。

表6-1　ヤングケアラーが学校に望むこと　トップ10（出典　日本ケアラー連盟、2015、南魚沼市「ケアを担う子ども（ヤングケアラー）についての調査」《教員調査》報告書、p31）

アラーを理解していること、聞く姿勢を持っていることが重要となる。

私たちが実施した教員調査では、「見守ることしかできなかった」「話を聞いて、理解するようにした。それしかできなかった」という回答が多くみられた。しかし、そのような理解や見守り、話を聞くことは、孤立状態にあるヤングケアラーにとって大きな救いとなる。学校、教員による理解は彼らの現在と未来を大きく変える可能性がある。

さらに、一歩踏み込んだ、「学校としての配慮」も期待したい。

日本ケアラー連盟の『南魚沼市「ケアを担う子ども（ヤングケアラー）についての調査」《教員調査》報告書』（2015）には、イギリスの「ヤングケアラーが学校に望むこと トップ10」が掲載されている（表6－1）。

先生の方から話を聞いてほしい、理解してほしい、機械的に叱らないでほしい、先生方がヤングケアラーについて学ぶことを確実にしてほしいなど、時には胸を突く、時にはうなずいてしまうような言葉が並んでいる。各校の状況、事情があると思うが、できる取り組みをぜひ検討してみてほしい。

なお、先に挙げた学習面の支援、伴走型支援の一部とも言える進路の相談については、学校が果たす役割が大きいと言えるだろう。

たとえば、精神疾患の母親のケアを担い、自分が一生面倒をみなければならないと思い込んでいる生徒がいた。それに気づいた先生は、自分が本当にしたいことは何か、母親はどのような反応を示すか、何が心配か、どうすれば離れて自分の人生を歩み出すことができるか、ひとつひとつ確認しながら、一緒に考えたという。

そのヤングケアラーにとって、この先生の存在はどれほど心強いことだっただろうか。頼れる大人に相談して、じっくり自分のことを考える機会がないヤングケアラーは多い。彼らの抱える事情を踏まえた上での、学校での取り組みを検討してもらえたらと思う。なお、学校によってはＳＳＷ（スクールソーシャルワーカー）が配置されているところもあるだろう。ＳＳＷとの連携を進めることもぜひ検討してほしい。

また、上記のような学校での理解、配慮、支援の必要性は大学においても同様である。ケアやそれによる健康不良のために、課題ができない、授業に出席できない、留年しても授業料が払えない、就職活動で苦労する等のケースがあるが、成人しているがために、自己責任とされ理解が得られないケースも少なくない。

3．福祉の専門職による支援

専門職だからこそ

さて、ここまで地域での5つの支援策や学校での取り組みについて提案してきた。これらの支援は、主に民間団体や学校が行えることを想定している。しかし、ヤングケアラーたちが抱える困難や直面する生きづらさは紛れもなく、福祉の問題である。私は社会福祉領域の研究者であるが、「福祉の人は何でも『問題』にするから」と批判されたこともある。それでもなお、私も含め、福祉に携わる者としては、彼らの抱える「問題」に立ち向かう必要があり、少なくとも以下の点が重要と考えている。

第1に、そもそもケアを要する家族自身が、適切な医療、福祉につながっていないケースが少なくない。いかに地域に埋もれているケースにアクセスするかを考えるとともに、ヤングケアラーに気付いたとき、適切な医療、福祉に結びつけることが必要である。

祖母のケアを家族だけでしていた文乃さん、母親は通院はしていたが、福祉サービスは何も入っていなかった美晴さん、障がい者福祉には一切つながっていなかった鏡子さん。第三章で紹介したヤングケアラーだけでも、この通りである。

利用できる医療、福祉の制度、サービスを知らない、手続きの方法がわからない、経済面で不安がある、医療機関や役所に出向き、コミュニケーションをとることができる大人が家族にいない等、理由はさまざまである。

このようなヤングケアラーとその家族を地域の諸資源（民間支援団体、民生委員・児童委員、学校等）との連携を通じて、確実にキャッチしていくことが必要である。もしかすると、ヤングケアラーに関する周知が進めば、地域、学校との連携も進み、このような地域に埋もれている新たなケースとつながる機会もできるかもしれない。

第2に、民間の支援につなぐことがあげられる。先に述べたように、ヤングケアラー支援において民間の支援団体が果たす役割は大きい。また、公的サービスだけでは対応できないことも多い。専門職にはそのような場合に、地域のヤングケアラー支援を行う団体に関する知識を持ち、そこへつないでいくことを期待したい。

第3に、これは福祉の専門職以上に、福祉行政に期待したいことであるが、既存の制度、サービスの改善も必要となる。特に先にも述べた家事サービスの充実は早急に検討してほしい。子どもたちが担うケアとして「家事」が多いという調査結果は、現在の福祉制度の特徴がそうさせているとも考えられる。

高齢者福祉、障がい者福祉で提供されている家事のサービスは、制度を利用する本人、いわば高齢者自身、障がい者自身の家事（食事の準備や食器の後片付け、掃除、洗濯など）を行い、原則、それ以外の家族の分の家事までは行わないことになっている。その家事サービスの穴を、子どもたちが埋めていると解釈することができる。

ひとり親家庭で、親が精神疾患を患い、家事ができなくなれば、子どもが（親の分も含めた）家事を担うことは自明である。ケアが必要な高齢者がいる場合も同様であり、親が仕事をしながら介護を担い手一杯の状態では、（高齢者も含めた）家族の家事を子どもが担うようになるのは当然のことである。

家事サービスの仕組みは、一定の家族介護を前提とした制度をよくあらわしているとも言えるが、少なくとも、子どもたちが家事を担わなければならなくなるケースにおいては、サービスのあり方を再検討する必要があるのではないか。

また、子どもたちが行う声かけ、見守り、愚痴を聞くというケアについても着目する必要がある。このようなケアは、長時間にわたり、負担も大きいことを述べてきた。しかし、それを代替するサービスは、公的な居宅サービスのメニューには入っていない。必要となれば、家族がするしかない。

無論、これは一般住民によるボランティアや民生委員・児童委員で対応することも可能であり、そのような活動が展開されることも期待したい。しかし、認知症や精神疾患を有する方への付き添い・寄り添いケアは、専門的な知識を有していなければ荷が重い場合もある。また、プライバシーにかかわるケアでもある。見知らぬ一般人には見せられない、聞かせられないという面もあるだろう。

付き添い・寄り添いケアを、いかなる制度に位置付け、誰が担うかは議論の余地があるが、ヤングケアラー支援を考えた場合、必要なサービスと言えるだろう。

ヤングケアラーというと学校の役割が指摘されることが多いが、上記のように専門職でなければできないことが多い。むしろ家庭内に入り込んでいるからこそ見えることがあり、それは学校では気付きにくいことでもある。特に学校に通えていないヤングケアラーの場合、医療、福祉の専門職の方が接点を持てる場合もある。医療、福祉の専門職がヤングケアラー支援を積極的に担っていくことが求められる。

ヤングケアラーは資源ではない

最後に、専門職の視点を変える必要について触れたい。ともすれば、子どもたちが頑張って家族を支えていると、専門職としてはそのヤングケアラーを資源とみなしてしまうことがある。

ある精神疾患の母親のケアを担っていたヤングケアラーはこう語っていた。

「母親を担当していた医療職は、自分に向けて治療や薬の説明をして、何かあれば自分に連絡をしてきた。完全に中学生の自分がキーパーソンとして位置付けられていた」

またあるヤングケアラーは、「もういやだ。こんなことしたくない」と医療職に漏らしたところ、こう諭されたという。

「そんなことを言ってはだめよ。家族でしょう」

また私は、ヤングケアラーの研修会で、ケアマネジャーから話しかけられこう言われたこともある。

「今まではなるべく家族さんを巻き込むよう、研修会で話していましたし、自分もそう思っていました。まさか子どもにそんな負担がいっているとは思いもしませんでした。目から鱗《うろこ》でした」

専門職とすれば、サービス利用者や患者の命や生活を守ることを真剣に考えた上でのことだと思う。ただ、それによって資源として位置付けられたヤングケアラーは、やめたいとも、つらいとも言えず、ケアの担い手であり続けなければと思ってしまう。

一方、あるヤングケアラーは、ケア負担による不調が続き、カウンセリングに通っていた。そこで、こう言われた。

「昔は家族が家族をケアしなければならなかったかもしれない。でも今は違う。あなたがやらなければならないことではない」

それまで「家族だからケアをしなければならない」と思い込んでいたそのヤングケアラーは、「あ、そうなんだ」と思い、フッとつきものが落ちたような、肩の荷がおりたような感覚になったという。

もちろん、子どもがケアを担わなければ成り立たない家族もある。子どもにケアを担ってもらうのであれば、それを支える必要がある。一方で、家族ケアの呪縛《じゅばく》から解き放ち、自分の人生に目を向けるようサポートをすることも専門職の役割である。子どもは決して資源ではない。

「気づく」「つなげる」という役割

ヤングケアラーに気づくという役割は、学校、福祉の事業所、施設、医療機関、民間の支援団体、地域住民等、あらゆる領域で、さまざまな人々が担う必要がある。養成課程の段階からヤングケアラーについて学ぶ機会を設けること、その後も研修会、学習会、事例検討会等でヤングケアラーをテーマに取り上げることは必須《ひっす》である。

また、学校現場、医療、福祉の現場で、気づくための仕掛けを設けることも有効であろう。学校が行う面談で子どもの家庭内での「手伝い」について尋ねるようにする、医療、福祉の現場では、家族のケア体制、特に子どもがケアを担う場面があるか否かを確認することを業務に入れるなどである。各現場でできることを考えてみてほしい。

一方で、子どもたち自身が、自分が家族のケアをしていることに気づくことも不可欠である。たとえば、学校でヤングケアラーについて学び、その価値と困難をクラスメイトと共有する機会を設けることも検討に値するだろう。多様性の教育の一環として位置付けることもできる。

このような教育があれば、ヤングケアラーであると知ったとき、苦しみだけでなく、誇りも持てるであろう。さらに、負担が大きいときはＳＯＳを出せるかもしれないし、周囲に自分のことを説明するときにも役立つであろう。

支援ネットワークとヤングケアラー支援の拠点

上記のようなさまざまな支援が地域で展開されたとしても、それがバラバラに機能していては意味がない。教育、専門職、地域の支援者などがヤングケアラーに気づいたとき、また本人たちの申し出があったとき、地域に整備された各種サービス、支援を円滑に利用できるようにすることが望ましい。

しかし、それは容易なことではない。彼らの希望、ニーズを把握する、地域にどのような機関、事業所、団体があるか把握し、マッチングを行っていかなければならない。また関係する多職種が集まり、情報共有、役割分担等を話し合う必要も出てくる。これは一介の教員、ボランティア団体が行うにはハードルが高い話である。

福祉の専門職であっても、同じ領域、すなわち高齢者の福祉事業所であれば高齢者関係、障がい者の福祉事業所であれば障がい者関係の機関、支援団体との接点は持てるかもしれないが、子ども関係の機関、団体に連絡をとるとなると、少し構えてしまうであろう。

日本ケアラー連盟の小中学校の教員調査では、先生方によるヤングケアラーと思われる生徒に対する支援として、外部との連携についても尋ねている。すると、子どもや生活保護関係の福祉部署との連携は比較的みられるが、障がい者、高齢者領域、医療との連携は、あまりみられなかった。

福祉の各領域で、また教育と福祉とで区分され、いわゆる「縦割り」であることがよくわかるが、ヤングケアラーの支援には領域を超えた連携が必要不可欠である。

そこで調整役を行う「ヤングケアラー支援の拠点」の設置が必要となる。各領域でヤングケアラーに気づき、見守りや声かけだけではなく、支援が必要だと思われた場合、まずはその拠点に連絡する。当然、ヤングケアラー本人も直接アクセスできるよう開かれている必要がある。

その拠点は、アセスメント、各種サービスの調整、権利擁護と伴走型支援の役割を果たすと良いであろう。またこれを担える専門職の養成も必要となろう。

これを公的機関が担うのか、民間に委託するのか、どのような専門職が担うのか等、さまざまな論点がある。また、拠点を1か所に限定する必要はなく、複数の拠点、専門職がその役割を担っても良いだろう。地域によって、社会資源の状況は異なる。地域の特性を生かしながら、拠点を作り、ネットワークを形成する道を探ってみてほしい。

行政の役割

行政の役割についても触れたい。ヤングケアラーの発見・支援をシステムとして構築すること、実態調査、啓発・周知、支援者の養成・研修、拠点の設置等、全体的な体制整備を進めること、これらを法制化、事業化することは当然ながら行政の役割である。国の方策では、既存の福祉制度・サービスの中で、SSW等の専門職がヤングケアラー支援に取り組むことに重点を置き、さらに民間団体による支援に期待していることがうかがえる。確かにそれらは重要であるが、既存の制度の枠組み、民間の支援だけではヤングケアラー支援は十分でない。

少なくとも縦割り制度の隙間を埋める、教育と福祉、児童・障がい・高齢といった多様な福祉の領域をつなぎ合わせ、全体を俯瞰《ふかん》し、マネジメントする機関が必要である。それを行政直営とするのか、民間に委託するのかという選択肢はあると思うが、少なくとも行政の責任においてそのような組織、機関を整備し、地域をベースとしたヤングケアラー支援の仕組みを構築する必要がある。

上記のような取り組みは地方自治体が主導することになるであろうが、それには制度的な裏付けが必要である。国は、今後、ヤングケアラー支援をいかなる法制度上に位置付けるか、検討を進めてほしい。根拠となる法整備が、ヤングケアラー支援には不可欠である。なお、ここで留意したい点は、家族介護を固定化することのないようにしなければならないこと、大人の抱える問題を置き去りにしないことである。ヤングケアラーの抱える問題の背後には、

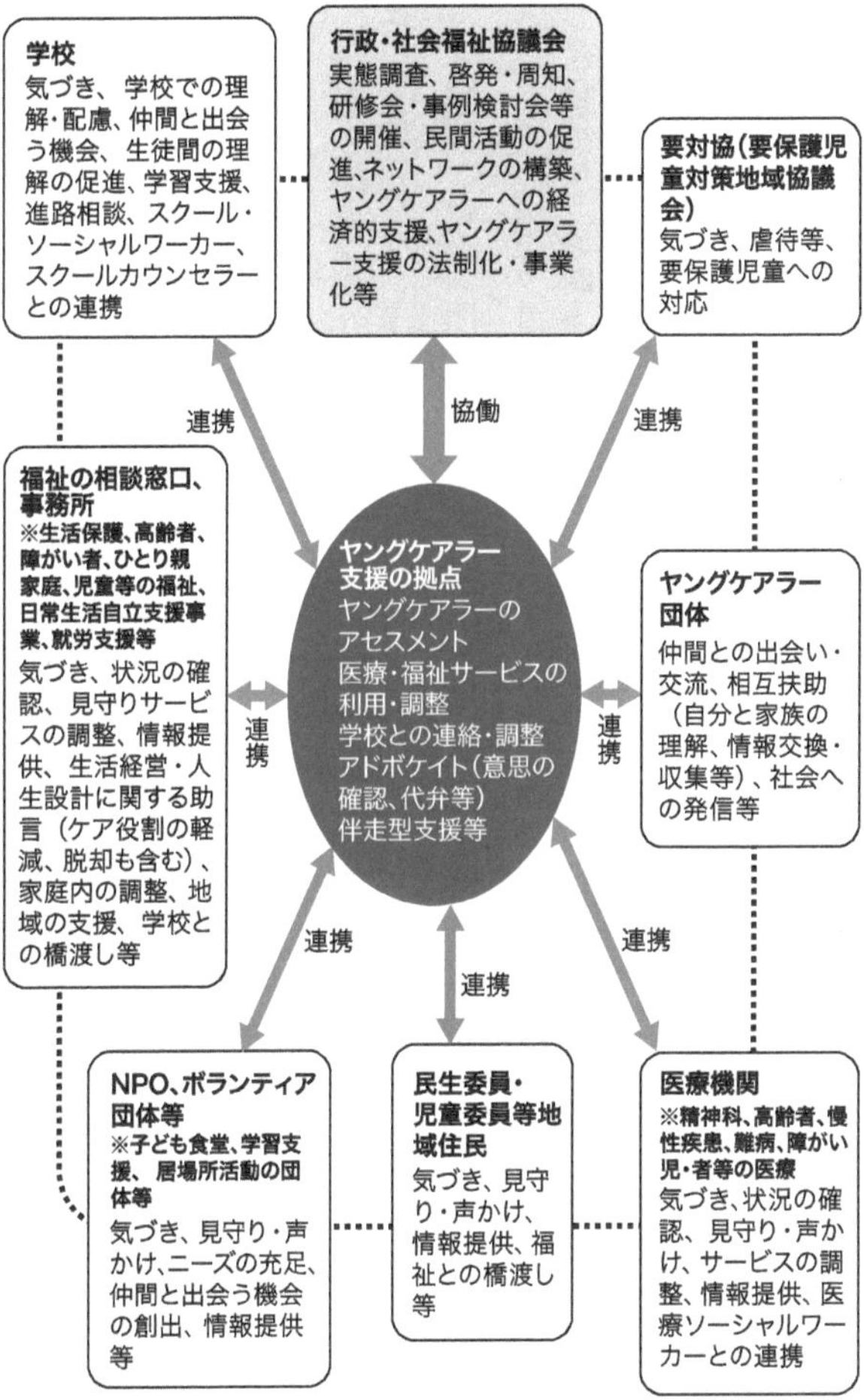

学校
気づき、学校での理解・配慮、仲間と出会う機会、生徒間の理解の促進、学習支援、進路相談、スクール・ソーシャルワーカー、スクールカウンセラーとの連携
行政・社会福祉協議会
実態調査、啓発・周知、研修会・事例検討会等の開催、民間活動の促進、ネットワークの構築、ヤングケアラーへの経済的支援、ヤングケアラー支援の法制化・事業化等
要対協（要保護児童対策地域協議会）
気づき、虐待等、要保護児童への対応
連携
協働
連携
福祉の相談窓口、事務所
※生活保護、高齢者、障がい者、ひとり親家庭、児童等の福祉、日常生活自立支援事業、就労支援等
気づき、状況の確認、見守りサービスの調整、情報提供、生活経営・人生設計に関する助言（ケア役割の軽減、脱却も含む）、家庭内の調整、地域の支援、学校との橋渡し等
連携
ヤングケアラー支援の拠点
ヤングケアラーのアセスメント
医療・福祉サービスの利用・調整
学校との連絡・調整
アドボケイト（意思の確認、代弁等）
伴走型支援等
連携
ヤングケアラー団体
仲間との出会い・交流、相互扶助（自分と家族の理解、情報交換・収集等）、社会への発信等
連携
連携
連携
NPO、ボランティア団体等
※子ども食堂、学習支援、居場所活動の団体等
気づき、見守り・声かけ、ニーズの充足、仲間と出会う機会の創出、情報提供等
民生委員・児童委員等地域住民
気づき、見守り・声かけ、情報提供、福祉との橋渡し等
医療機関
※精神科、高齢者、慢性疾患、難病、障がい児・者等の医療
気づき、状況の確認、見守り・声かけ、サービスの調整、情報提供、医療ソーシャルワーカーとの連携

図6-2　ヤングケアラー支援システムのイメージ図

家族介護の問題、大人が抱える生活、福祉の問題があることはこれまでに述べた通りである。その根本を解決するための方策も同時に進める必要がある。

さもなければ、しんどい思いをしながらもケアを担うヤングケアラーは生まれ続けるだろう。必要なのは予防的アプローチである。介護の脱家族化を射程に入れて、根本的な福祉問題にメスを入れることが必要である。

最後に、ヤングケアラー支援システムのイメージ図を示した（表6－2）。筆者が現段階で思い描くものに過ぎず、単なるたたき台だと考えてほしい。他にもこのシステムに参加すべき機関、組織、団体、個人等が考えられよう。またそれぞれの役割・機能も検討の余地がある。地域ごとのヤングケアラー支援システムを構築してほしい。

私は現在、尼崎市と神戸市のヤングケアラー支援にかかわっている。両市とも、支援対象は18歳未満に限定せず、20代も視野に入れている。

神戸市では２０２１年6月にこども・若者ケアラー相談・支援窓口を開設した。そこには専門の相談員が配置され、ヤングケアラー支援のための会議も行われている。尼崎市では以前より、ＳＳＷ（スクールソーシャルワーカー）やＣＳＷ（コミュニティソーシャルワーカー）等の専門職とこども青少年課がヤングケアラー支援プロジェクトのミーティングを重ね、アセスメントシートの開発等に取り組んでいる。

両市とも実に画期的で意義ある取り組みである。私は両市の会議に出席し、国の調査、イギリスの取り組み等を参考にしながら、ヤングケアラー支援の検討、アセスメントシートの開発等に参加するという貴重な機会を得ている。

今後、両市においてはさまざまなヤングケアラーのケース、支援実践が積み重ねられるだろう。これをもとにヤングケアラー支援の手法が確立されていくことに期待したい。

ヤングケアラーが出会う社会の壁

ヤングケアラーからみた社会は、思わぬところに壁を作る。あるところまでは助けてくれるが、それより向こうは家族の領域、役割とされる。家族側のことは家族が何とかしなければならないという。しかし、時にヤングケアラーはこっち側と向こう側を結ぶ橋渡しの役割を期待される。決して、ヤングケアラー側に来てくれる者もそちら側に引っ張り出してくれる者もいないのだが。

家庭から一歩外にでても壁は連なる。学校での壁。就職での壁。人間関係での壁。ケアで学校を休みがちになると、教員、友人と自分との間に壁ができる。ケア経験で履歴書にブランクがあくと、就活の場面で壁が作られる。人事担当者は家族のケアをしていたと聞いて顔をしかめる。

地域のイベントに参加しようとすると、そこには必ず受付名簿が用意され、氏名の横に所属欄がある。所属がかけない。それだけでも悲しい壁を感じる。同窓会では順調に人生を進めた同期のなかで、所在なさを経験する者もいる。

社会福祉の研究会でケア経験を語ると、海外にはもっと苦労している子どもたちがいる、と言われたヤングケアラーもいる。福祉関係者にも理解されないとなると絶望的な壁である。ヤングケアラーたちの語りには数々の壁が登場する。ヤングケアラーたちが生きづらいのはケアを要する家族がいるからではない。そのような者たちを排除する社会の壁があるからである。

ヤングケアラーの発見・支援システムといった大層なことを考える前に、本当は日常的に、身近なところで、社会の壁を取り除く、作らないということを考えると良いのかもしれない。ケアを要する人への差別・偏見、ケアを担う人への無理解を解消することは、個人、学校、職場、地域等ですぐにでも取り組めるであろう。

今、ヤングケアラーたちは、報道や出版を通して、声をあげ始めている。しかしそれは辛うじて壁を乗り越え、大学に進学し、職を得るなど、社会のどこかに居場所を得られた者たちが中心である。そうではないヤングケアラーたちも大勢いる。社会の壁は彼らの存在を隠してしまうが、ヤングケアラーたちはいつもすぐそばにいる。まずは壁を無力化していく。これがすべての基礎となるであろう。

あとがき

今回、一般書というものを初めて執筆した。少し堅苦しくなっているのではないか、妄想が過ぎるのではないか、さまざまな思いを巡らせると筆が止まる。途中でコロナ禍にも見舞われた。想定外のことが重なるなか、とにかく書ききることを目標にした。

しかし、最初に声をかけていただいてから2年以上の年月が流れてしまい、角川の担当者には申し訳ない気持ちでいっぱいである。ただ、角川の担当者がまだ注目もされていなかった我々の研究をみつけ、声をかけてくださったことは本当に光栄で、感謝の言葉もない。これはヤングケアラーたちの未来を拓《ひら》くことにもつながるオファーであったと思う。

筆者がもたもたと書いているこの2年の間に、ヤングケアラーを取り巻く環境は劇的に変化した。ヤングケアラーに関する報道は増え、行政による実態調査も実施されるようになった。私が調査を始めたころには、(本文にも書いたが)「そんな子どもたちがそんなにいるはずないだろう」「それでも家族への感謝を忘れてはいけないですよ」などのお叱りを受けることも多かった。

しかし、ようやく彼らの存在が社会的に認められ始めたという実感がある。この変化はうれしい限りであるが、懸念もある。表面的な実態把握や支援体制の構築に留まる、一時の流行で終わってしまう可能性は、まだ残っている。今もなお、ヤングケアラーと聞いて抵抗感を持つ人はいるであろう。

そのようなとき、私はヤングケアラーというテーマがもつ普遍性について触れるようにしている。単にケアをしている子どもが可哀想だから救う、という限定的な話ではない。学習困難、いじめ、不登校、退学、ひきこもり、就職困難、貧困、介護殺人、虐待などさまざまな問題の背景に家族のケアの問題が絡んでいることがある。ヤングケアラーという概念を用いることは、早い段階でアプローチすることを可能にし、これらの問題防止にも貢献しうる。「家族のケア」は普遍的なテーマであることを踏まえ、今後もさまざまな領域で取り組み続けてほしい。

もうひとつ、私を悩ませていることがある。ヤングケアラーは可哀想かという疑問である。特に最近、ヤングケアラーの概念を伝える難しさに直面している。彼らが抱えるネガティブな面を示すことは、「手伝いだから良いことだ」という一般社会の固定観念を改め、彼らへの支援が必要であると理解してもらうためには、どうしても必要なことである。

しかし、ネガティブな面ばかりを強調すると、彼らにさらなるスティグマを負わせる可能性もある。かといって、ヤングケアラーはポジティブな存在であると言ってしまうことも、そういう面を強調することにも違和感をもつ。「（ポジティブな面もあるということを）自分で言うのはいいが、他の人に言われるのは違う」。そう話した元ヤングケアラーもいた。またあるヤングケアラーは「特別だからこそ『普通』でいたい」とも言っていた。それは当然の心情であろう。

ヤングケアラーたちは私たちと同じ様に暮らしている普通の子ども、若者たちである。ケアを要する家族がいることもそれほど特別なことではない。ただケア役割を担う子ども、若者が少数派で、理解者が乏しいために、窮屈なことやスムーズにいかないことが生じる。ケア役割を担うという経験はプラスにもマイナスにも転じるものだが、多様性に対して鈍感な社会が、彼らをネガティブな存在にさせているとも言える。社会が変わることで、彼らはポジティブでもネガティブでもない、ただのケアを担う子ども、若者でいられるのかもしれない。

堂々巡りの思考に陥ったとき、私は自分自身のことを振り返る。私も家族のケアが必要になり、大学や仕事との両立に苦心したことがあった。ヤングケアラーの年齢を余裕で超え、数カ月という短期間であったものの、それでもその時期は本当に苦しかった。

いろいろなことの調整が必要で、周囲に（詳しい事情は話さず）ひたすら謝り続けた。初めはよくても、だんだん嫌な顔をされるようになった。自分のすべきことよりも家族のことを優先せざるを得なかった。いつも家族のことが気になり、自分のことには集中できなかった。ケアを要する家族のためというよりもむしろ、一緒にケアを担う親のことが心配で、とりあえず今は自分のことは置いておいて、自分が支えなければならないと思った。

家族から離れて暮らしていたため、移動費用も相当かかり、なけなしの貯金は数カ月で半分になった。キャリア構築ではずいぶんと後《おく》れをとった。その渦中にいるときは必死で、自分の置かれている状況を客観視することはできなかった。さて、おわかりであろう。どこかで聞いたような話がぎゅっと詰まっている。

それでも、私の場合、すでに成長し、ある程度のキャリアを積み、人生を歩むための最低限の武器は備えていた。ラッキーなことにストレス耐性はめっぽう高かった。周囲が離れていっても、変わらず支えてくれる友人や同僚との関係も構築できていた。周囲に恵まれていた面も当然ながらある。SOSの発信の仕方も利用できるサービスも知っていた。もしもこれがもっと幼いときで、人間関係も学歴も何も揃っていないときであったなら、間違いなく私はつぶれていただろう。

私はあのときの自分のことを「よく頑張った」と誇りに思う。しかし、それと同時に、本当に「可哀想だった」としみじみ思うのである。自分は非常識な人間でも、怠け者でもない。

それが理解されないことが、当時は悲しく、悔しかった。だからこそ、家族にケアを要する者が生じたとき、私たちの生活の「脆《もろ》さ」が露呈すること、それにより常識的なことができなくなってしまうこと、人生においてさまざまな不利を負わされてしまうこと、それを社会に知ってほしいと切に願うのである。

ケアを担っていること、ケアを要する家族がいることは、決して可哀想なことではない。ただ、周囲の理解も社会的支援もなく、ひとりで負担と不利だけを背負わなければならない状況は、どう考えても「可哀想」である。たしかに、よくわかっていない他者に可哀想と言われることは心外である。

しかし、自分で自分の状況を客観視し、「可哀想だなぁ」と思うこと、自分を労《いた》わること、それが自分のせいでは決してないと理解することは必要なプロセスであると思う。その事実を受け入れることで、自分の価値を新たに発見、認識し、自分が抱える困難はさまざまな人と共有すべき社会の問題であるということに気付き、同じような状況にある子ども、若者たちのための社会的支援を考えられるようになるのではないだろうか。もちろん個人差はあると思うが。

本文でも触れたが、2019年、関西でヤングケアラーたちが集う「ふうせんの会」を立ち上げた。名前の由来を尋ねられることがよくあるのだが、実は明確なものはない。たまたまコミュニケーションツールのアイコンを風船の絵にしたので、仮としてそう名付けた。そのうち愛着が出て、正式名称となった。

運営メンバーに尋ねると、それぞれが違う由来、理由を説明するだろう。私が尋ねられたらこう答えるつもりだ。

「風船の自由なイメージと会のイメージを重ねていて、『私たちはどこにだっていけるし、何者にだってなれる』というメッセージが込められています」

ヤングケアラーたちの歩みは始まったばかりである。社会の壁をゆうに越えて、ともに進みたい。彼らはこれから本当にポジティブな話をたくさん作っていくことだろう。

本書を「社会福祉」の道に導いてくれた敬愛する母　濱島和恵《はましまかずえ》　に捧《ささ》ぐ。

参考文献

Carers Trust, https://carers.org/about-caring/about-young-carers、２０２１年7月25日閲覧
Carers Australia, https://www.carersaustralia.com.au/about-carers/young-carers/、２０２１年7月25日閲覧
Clay, D., Connors, C., Day, N., and Gkiza, M. with Aldridge, J. (2016) The lives of young carers in England: Qualitative report to DfE, DfERR499.
藤崎宏子（２００８）「訪問介護の利用抑制にみる『介護の再家族化』――9年目の介護保険制度」『社会福祉研究』１０３号、鉄道弘済会、2－11
藤崎宏子（２００９）「介護保険制度と介護の『社会化』『再家族化』」『福祉社会学研究』6、福祉社会学会、41－55
濱島淑惠（２０１８）『家族介護者の生活保障』旬報社
濱島淑惠・宮川雅充（２０１８）「高校におけるヤングケアラーの割合とケアの状況」『厚生の指標』65(2)、厚生労働統計協会、22－29
濱島淑惠・宮川雅充（２０２０）「高校教員のヤングケアラーに関する認識」『生活経営学研究』№55、日本家政学会生活経営学部会、55－64
濱島淑惠・宮川雅充・南多恵子（２０２０）「高校生ヤングケアラーの存在割合とケアの状況：埼玉県立高校の生徒を対象とした質問紙調査」『厚生の指標』67(12)、13－19
羽根文（２００６）「介護殺人・心中事件にみる家族介護の困難とジェンダー要因：介護者が夫・息子の事

例から」『家族社会学研究』18(1)、27－39、日本家族社会学会
中井紀代子（２０００）『家族福祉の課題』筒井書房
日本ケアラー連盟ヤングケアラープロジェクト（２０１５）『南魚沼市ケアを担う子ども（ヤングケアラー）についての調査《教員調査》報告書』日本ケアラー連盟
日本ケアラー連盟ヤングケアラープロジェクト（２０１７）『藤沢市ケアを担う子ども（ヤングケアラー）についての調査《教員調査》報告書』日本ケアラー連盟
日本ケアラー連盟（２０１８）「ヤングケアラー　若者ケアラー」
加藤悦子（２００５）『介護殺人―司法福祉の視点から』クレス出版
北山沙和子・石倉健二（２０１５）「ヤングケアラーについての実態調査―過剰な家庭内役割を担う中学生―」『兵庫教育大学学校教育学研究』第27巻、兵庫教育大学、25－29
厚生労働省（２０２０）『平成30年度　高齢者虐待の防止、高齢者の養護者に対する支援等に関する法律」に基づく対応状況等に関する調査結果』https://www.mhlw.go.jp/content/12304250/000584234.pdf、２０２１年６月30日閲覧
厚生労働省（２０１９）『平成30年度都道府県・市区町村における障害者虐待事例への対応状況等（調査結果）について』https://www.mhlw.go.jp/stf/houdou/0000189859_00003.html、２０２０年１月12日閲覧
厚生労働省（２０１７）『平成28年度全国ひとり親世帯等調査結果報告』https://www.mhlw.go.jp/stf/seisakunitsuite/bunya/0000188147.html、２０２１年７月23日閲覧
厚生労働省（２０１９）『２０１９年（令和元年）版国民生活基礎調査の概況』https://www.mhlw.go.jp/toukei/saikin/hw/k-tyosa/k-tyosa19/index.html、２０２１年７月23日閲覧

厚生労働省社会・援護局障害保健福祉部（２０１８）『平成28年生活のしづらさなどに関する調査（全国在宅障害児・者等実態調査）結果』
https://www.mhlw.go.jp/toukei/list/dl/seikatsu_chousa_c_h28.pdf、２０２０年１月12日閲覧

三菱ＵＦＪリサーチ&コンサルティング（２０２１）『令和２年度 子ども・子育て支援推進調査研究事業 ヤングケアラーの実態に関する調査研究報告書』
https://www.murc.jp/wp-content/uploads/2021/04/koukai_210412_7.pdf、２０２１年６月30日閲覧

宮川雅充・濱島淑惠（２０１７）『高校生の家庭生活と学校生活に関する調査報告書―高校生ヤングケアラーの実態調査―』

宮川雅充・濱島淑惠（２０１９）「ヤングケアラーとしての自己認識～大阪府立高校の生徒を対象とした質問紙調査～」『総合政策研究』No.59、関西学院大学、１－14

宮川雅充・濱島淑惠（２０２１）「ヤングケアラーの生活満足感および主観的健康感：大阪府立高校の生徒を対象とした質問紙調査」『日本公衆衛生雑誌』68(3)、日本公衆衛生学会、１５７－１６６

森田久美子（２０１０）「メンタルヘルス問題の親を持つ子どもの経験―不安障害の親をケアする青年のライフストーリー―」『立正社会福祉研究』第12巻１号、立正大学社会福祉学会、１－10

内閣府（２０２１）『令和３年版高齢社会白書』
https://www8.cao.go.jp/kourei/whitepaper/w-2021/zenbun/03pdf_index.html、２０２１年７月23日閲覧

Office for National Statistics、2011 Census (http://webarchive.nationalarchives.gov.uk/20160107224205/http://www.ons.gov.uk/ons/rel/census/2011-census-analysis/provision-of-unpaid-care-in-england-and-wales–2011/sty-unpaid-care.html、２０２０年６月30日閲覧

埼玉県（２０２０）『埼玉県ケアラー支援計画のためのヤングケアラー実態調査』
https://www.pref.saitama.lg.jp/documents/187028/youngcarer.pdf、２０２１年6月30日閲覧

澁谷智子（２０１８）『ヤングケアラー――介護を担う子ども・若者の現実』中公新書

総務省（２０１８）『平成29年就業構造基本調査』
https://www.stat.go.jp/data/shugyou/2017/index2.html、２０１９年5月31日閲覧）

多々良紀夫（２００１）『高齢者虐待――日本の現状と課題』中央法規出版

土屋葉（２００４）『障害者家族を生きる』勁草書房

土屋葉（２００６）「『障害』の傍らで――ＡＬＳ患者を親に持つ子どもの経験」『障害学研究』(2)、障害学会、
99－１２３　閲覧日２０２０年1月12日

渡邊多永子・田宮菜奈子・高橋秀人（２０１９）「全国データによるわが国のヤングケアラーの実態把握――国民生活基礎調査を用いて――」『厚生の指標』第66巻第13号、31－35

湯原悦子（２０１９）「高齢者の心中や介護殺人が生じるプロセスと事件回避に必要な支援」『老年精神医学雑誌』第30巻第5号、５１３－５１９、ワールドプランニング

濱島淑惠（はましま・よしえ）
大阪公立大学大学院現代システム科学研究科教授。1993年、日本女子大学人間社会学部社会福祉学科卒業、99年、同大学大学院人間社会研究科博士課程後期満期退学。2017年、金沢大学で博士（学術）を取得。大阪歯科大学教授などを経て、24年より現職。専門は高齢社会における介護、家族、ワークライフバランスなど。19年にはヤングケアラーたちの集い「ふうせんの会」を有志とともに立ち上げた。現在、21年度の神戸市こども・若者ケアラー支援アドバイザー、大阪市ヤングケアラーPTメンバーを務めている。著書に『家族介護者の生活保障　実態分析と政策的アプローチ』（旬報社）がある。

子《こ》ども介護者《かいごしや》

ヤングケアラーの現実《げんじつ》と社会《しやかい》の壁《かべ》

濱島淑惠《はましまよしえ》

2021 年 9 月 10 日　初版発行
2024 年 10 月 30 日　7 版発行

◆◇◇

発行者　山下直久
発　行　株式会社KADOKAWA
〒 102-8177　東京都千代田区富士見 2-13-3
電話　0570-002-301（ナビダイヤル）

装 丁 者　緒方修一（ラーフイン・ワークショップ）
ロゴデザイン　good design company
オビデザイン　Zapp!　白金正之
印 刷 所　株式会社KADOKAWA
製 本 所　株式会社KADOKAWA

角川新書

ISBN978-4-04-082284-6 C0236